DU SÉNAT

ET DES

INSTITUTIONS POLITIQUES

DE LA FRANCE

PAR

Le Dr François-René **MORIN**

PARIS

A. DERENNE, ÉDITEUR
52, Boulevard Saint-Michel, 52

1876

DU SÉNAT

ET DES

INSTITUTIONS POLITIQUES DE LA FRANCE

DU SÉNAT

ET DES

INSTITUTIONS POLITIQUES

DE LA FRANCE

PAR

Le D' François-René MORIN

> L'ÉLECTEUR. — Vous portez-
> vous candidat aux élections séna-
> toriales ?
> Moi. — Non.
> L'ÉLECTEUR. — Si l'on vous
> nomme accepterez-vous ?
> Moi. — Oui.

PARIS

A. DERENNE, ÉDITEUR

52, Boulevard Saint-Michel, 52.

1876

A L'ASSEMBLÉE NATIONALE.

Depuis quatre-vingts ans il s'est succédé dans notre
pays une douzaine de gouvernements de forme différente.
Aucun n'a pu se maintenir. République, despotisme, monarchie, régime parlementaire essayés, réessayés, tous
sont tombés.

On a attribué leur chute à l'humeur versatile de la
nation : la nation en est parfaitement innocente ; elle a subi
vingt révolutions et n'en a fait qu'une, 89.

Au temps de sa présidence, M. Thiers, dans un de ses
plus magnifiques discours, fait apparaître à la tribune les
fantômes évoqués de tous ces gouvernements, et les montre
précipités l'un après l'autre dans l'abîme ; à chaque chute,
l'orateur de s'écrier : « La France n'en voulait plus ! »
N'en déplaise à **M.** Thiers, pour lequel je professe une

grande admiration, ce n'est point la France qui les rejetait.

Ce n'est pas non plus par excès de liberté que ces divers régimes ont péri : la liberté n'a tué ni la Terreur, ni le Directoire ; elle n'a fait ni 1804 ni 1815 ; est-ce elle qui a détrôné Charles X et Louis-Philippe ? est-ce la la liberté qui a jeté la Législative de 51 en exil et dans les cachots de Mazas ; qui a érigé le 4 septembre sur les débris de l'Empire ; est-ce elle qui a assassiné les ôtages et allumé les torches incendiaires de la Commune ?

Pour moi je n'impute ni à mon pays, ni à la liberté, nos désastres et nos bouleversements, mais j'en accuse formellement l'impéritie de nos Assemblées, l'ignorance de nos hommes d'État, l'incapacité des pouvoirs, les excès d'ambition des gouvernants, et l'invincible et déplorable inclination de nos constituants à pousser le char de l'État dans la fondrière où dix fois déjà il s'était embourbé.

II

L'effondrement de l'Empire, la déplorable usurpation du 4 septembre, les effroyables forfaits de la Commune ; l'avulsion de nos deux provinces, les cinq milliards de rançon, les cinq milliards gaspillés par des fous, des incapables ou des fripons; tous ces désastres, toutes ces ruines, tous ces crimes nous ont-ils appris d'où viennent nos malheurs ? Avons-nous été plus habiles, plus avisés en 1875 que nos devanciers de 89, de l'an III, de l'an VIII, de 1815, 1830, 1848, 1852, 1870 ? Hélas ! non : les exemples des pères ont été perdus pour les fils, et notre propre expérience ne nous a rien appris, nous avons tout oublié : ni les erreurs passées, ni les fautes présentes n'ont été enseignement pour nous, et nous nous opiniâtrons comme des brutes, avec l'acharnement de l'instinct animal, à rebâtir avec les mêmes matériaux et sur le même plan, un édifice politique qui s'est déjà dix fois écroulé et qui croulera encore à la moindre secousse. Pour nous, instruit par l'histoire de nos quatre-vingts dernières années, nous n'hésitons pas à prédire à la constitution de 1875 le sort de ses aînées. Calquée sur le même modèle, taillée sur le même patron, elle aura la même fin. C'est une porte nouvelle, ouverte à une nouvelle révolution.

Est-ce là ce que la France demandait à ses représentants, ce qu'elle attendait de leurs lumières et de leur patriotisme ? Non : avant tout la France veut l'ordre, qui est pour les États ce que la respiration est pour la vie organique. Or, point d'ordre sans un gouvernement dont la stabilité défie les orages ; donnez au pays une organisation qui le mette à l'abri de l'anarchie, à l'abri de l'agitation, sinon, poussé par l'instinct de la conservation, il se précipitera dans le despotisme, avec une joie délirante, comme en l'an VIII, comme en 52. La France a soif d'ordre, de paix intérieure, de régime légal : son amour de la liberté est très-modéré ; si modéré qu'elle est toujours prête à en faire le sacrifice à l'ordre. Pourtant, il lui faut de la liberté, puisque l'ordre sans la liberté, c'est le despotisme. Voulez-vous lui conserver la liberté? Assurez-lui l'ordre par des institutions inébranlables; que ces institutions appropriées à son tempérament s'enracinent dans la nation si profondément que rien ne puisse les en arracher, ni les criminelles audaces d'un pouvoir usurpateur, ni les turbulences démagogiques, ni les reculements insensés des réactionnaires. Voilà l'œuvre essentielle, voilà l'œuvre nécessaire, l'œuvre que n'ont su faire ni 89, ni les législateurs qui lui ont succédé, ni les réformateurs de 1875.

III.

Dans l'abord et sous l'impression terrible de nos désastres, l'Assemblée eut le sentiment des causes qui les avaient produits et conçut avec passion le projet de couper le mal dans la racine. Dès les premiers jours on la vit courir avec ardeur aux réformes : elle voulait émanciper communes et provinces, détruire la centralisation, réorganiser l'instruction publique, reconstituer le corps judiciaire, élever une barrière entre les pouvoirs etc., etc. Mais à mesure que le cours du temps enfonçait dans le passé l'époque fatale de nos malheurs, l'impression s'en affaiblit dans l'Assemblée, et elle délaissa l'un après l'autre les projets de réformes qu'elle avait conçus sous le coup de nos infortunes. Peu à peu son ardeur juvénile l'abandonna, elle prit défiance de son courage, de sa force, de ses lumières; elle douta d'elle-même : alors au lieu d'employer son temps à des réformes nécessaires, elle le consuma en luttes stériles, en coalitions, en collusion, à durer sans rien faire. Jusqu'à ces derniers temps, la discorde des partis ou leur entente n'ont eu d'autre effet que d'empêcher la Chambre d'agir. Enfin cette année les gauches et le centre droit, faisant des sacrifices d'opinion, parvinrent à former une majorité qui vota la Constitution de 1875.

Cette Constitution répond-elle aux vœux de la France ? Élève-t-elle sur les bases démocratiques immuables de 89 un édifice aussi solide que son fondement ?

Hélas ! non, le Sénat, copie du Conseil des Anciens, dans lequel, à l'instar de la Convention, la Chambre s'est réservé le quart des places, est un Sénat invalide comme son modèle, et sa prétendue prérogative « le droit de dissoudre la « Chambre avec le concours du chef de l'État » un privilége illusoire.

Les deux Chambres réunies en une Assemblée unique nomment le Président : mais dans cette Assemblée les députés, plus nombreux que les sénateurs, y auront la majorité; cette majorité sera encore renforcée par les sénateurs issus du Corps législatif ; ce sont donc les députés en définitive qui nommeront le Président : pensez-vous que le chef du pouvoir exécutif, fils de la Chambre des Députés, sera disposé à s'unir au Sénat pour mettre celle-ci à néant ?

Quant au pouvoir exécutif, la Constitution n'a pris contre lui aucune précaution. Elle n'oppose aucune barrière aux rêves ambitieux, aux velléités d'usurpation. s'ima-

ginant apparemment que l'ère des coups d'État est à
jamais close, et que la race des usurpateurs est passée à
l'état antédiluvien.

Quoi qu'il en soit, toujours est-il que contre ces deux
causes de toutes nos révolutions, la prépotence de la représentation nationale, et les coups d'État du pouvoir exécutif,
il n'y a rien dans la constitution qui nous préserve.

IV.

Et pourtant l'Assemblée nationale avait bon vouloir
et patriotisme : que lui fallait-il donc encore pour qu'elle
remplît parfaitement sa tâche ?

Il eût fallu d'abord, que chacun de ses membres fît ce
que Franklin appelle la chose la plus difficile pour un
homme politique, le sacrifice au pays de son opinion personnelle.

Il eût fallu ensuite que l'Assemblée comprît que ce n'était
pas de bâcler une constitution telle qu'elle qu'il s'agissait ;
mais de l'achèvement de l'organisation de notre démocratie.
89 l'avait assise cette démocratie sur des bases si solides qu'elles ont pu, sans en ressentir le moindre ébranlement, être
battues par les flots de vingt révolutions : ni le césarisme, ni
la Commune, ni la monarchie n'en ont affouillé les fondements ; les typhons révolutionnaires qui ont emporté république, empire, royauté, ont laissé intactes les institutions
sociales fondées par la grande Constituante; que restait-il donc

à faire à la Constituante de 1875 ? Donner au pouvoir public, ce que n'avaient su faire ni 89, ni les autres législateurs qui l'ont suivi, une organisation qui fût aussi immuable que les bases de notre société.

Mais l'Assemblée nationale n'avait pas le moins du monde conscience de l'œuvre qu'elle avait à parfaire. Partout la démocratie coule à pleins bords, et dans aucune contrée de l'ancien monde, elle n'a un plus large cours que chez nous : de mœurs, d'instinct, de lois, d'institutions nous sommes une pure démocratie : c'est un fait indéniable, irréfragable : tenter de changer la nature de ce peuple, et de le couler dans un moule nouveau serait une aussi grande insanité que d'essayer de fixer les étoiles dans le firmament, et pourtant l'Assemblée a ouvert à deux battants la porte du trône au pur et vrai représentant de l'ancien régime : elle l'a appelé, elle l'a convié à en franchir le seuil, plus sage qu'elle il a refusé : par ce noble refus, il épargne à lui une chute et un repentir, et à nous une nouvelle catastrophe.

V.

Quand on entreprend la cure d'un mal, ce qu'il y a avant tout à faire, c'est d'en connaître la cause. *Sublatâ causâ, tollitur effectus.*

Or, quelle est la cause de nos révolutions ? l'Assemblée ne l'a point connue.

Aucun des nombreux partis entre lesquels se décompose la Chambre ne le sait plus qu'elle. Posez la question aux bonapartistes, et demandez-leur quels moyens préventifs ils ont à y opposer ? ils répondront : prenez le Prince impérial. — les légitimistes vous offriront Henri V, les orléanistes, le régime parlementaire mené par le comte de Paris; les républicains modérés la république conservatrice, ce qui ne veut rien dire ; les purs, une assemblée unique avec un président très-éphémère ; enfin, les intransigeants affirmeront qu'il n'y a meilleur moyen que la réalisation de leurs utopies, c'est-à-dire que tous proposent comme moyen de salut, des organisations dont l'événement a démontré au moins trois fois pour chacune la complète inanité.

L'Assemblée comme la Convention a bien eu le vague sentiment que c'est dans le Sénat qu'est le salut de la démocratie. Mais pourquoi ? mais comment le Sénat doit-il être notre salut ? Elle n'en sait rien, ni ministre, ni député, ni homme politique ne le savent.

Eh bien ! la cause de nos révolutions et le remède aux révolutions, ces deux choses que tout le monde ignore, que n'ont pu découvrir nos constituants, ni les rois, ni les empereurs, moi, un vieux Gaulois, habitant des plaines du Poitou et du Bocage vendéen, mal appris à penser, mal appris à écrire, inhabile à parler, je les ai trouvées et je viens faire part de ma découverte aux représentants passés et futurs de la France et à mes concitoyens.

Les institutions que je propose ne sont pas une organisation complète de la démocratie : comme nous l'avons dit,

les fondements en ont été jetés par 89 et ils sont impérissables ;
ce que j'offre à mon pays n'est que le complément de nos
institutions démocratiques, mais ce complément leur donnerait la solidité, l'immuabilité qui leur a manqué jusqu'à ce
jour : il arrêterait court toute lutte entre les pouvoirs ; il
donnerait à la science, au mérite, aux grands intérêts, la représentation qui leur est due ; à notre démocratie, l'aristocratie
qui lui est nécessaire pour vivre libre, la seule qu'elle puisse
tolérer sans murmure, *l'aristocratie de la démocratie* ; à la
centralisation ses limites normales en-deçà et au-delà desquelles elle est licence ou tyrannie ; aux provinces et aux
communes l'émancipation ; à la France la fin des gouvernements de révoltes et de coups d'État ; à Paris l'appaisement,
la gloire et la richesse ; au suffrage universel, la délimita-
tion de son omnipotence par le droit et la raison.

Oh ! j'entends crier de toute part à l'outrecuidance ! à
l'infatuation !

Avant de condamner un système, de rejeter une idée,
on lui doit de l'examiner, de la juger avec sang-froid et impartialité. Qu'importe celui qui l'a conçue ? Si elle est bonne,
servez-vous-en ; si elle est mauvaise, envoyez-la au panier ;
dans la supposition où elle serait tenue pour salutaire, je
serai trop heureux d'avoir pu être utile à mon pays : dans
la supposition où elle serait regardée comme fausse ou impossible, j'aurai pour consoler ma déconvenue, l'ardeur
de mon désir à le servir ; en tout cas, je me croirais grandement coupable, si retenu par la crainte du ridicule, je
m'abstenais de publier des idées susceptibles d'éviter à ma

patrie de nouveaux cataclysmes, et pouvant lui apporter cette stabilité, objet de ses vœux les plus ardents, sans laquelle elle n'aura jamais de paix intérieure.

Il y a parfois dans la vie des peuples comme dans celle des individus, une heure suprème, une heure fatale qui décide de leurs destinées : selon la détermination qui sera prise, c'est la perte ou le salut. César franchit le Rubicon et l'Empire Romain fut fondé ; pour n'avoir pas détruit Rome après la bataille de Cannes, Annibal a vu de ses yeux périr Carthage ; si, profitant de Sadowa, Louis-Napoléon avait eu l'audace que lui commandait son heureuse fortune, la rive gauche du Rhin, de la Suisse à Cologne, serait aujourd'hui la frontière de la France. Un Sénat dominateur, interposé par la première Constituante entre le trône et la représentation nationale, eût préservé notre pays de rouler de chute en chute jusqu'au fond de l'abîme où nous nous débattons.

Vous aussi, Messieurs les députés, vous avez eu votre heure fatale : vous pouviez à cette heure-là choisir entre un Sénat dominateur et un Sénat impuissant ; vous pouviez fermer la porte aux révolutions, vous avez préféré la laisser ouverte. Souhaitons que vous n'ayez pas, avant la réformation de votre constitution, à vous repentir de votre décision impolitique et périlleuse.

Voyez la différence : avec un Sénat dominateur toutes les questions byzantines que vous avez agitées durant votre vie parlementaire, sans parvenir à les résoudre, de monarchie, de république, fussent devenues pour nous indifférentes et insignifiantes. Qu'importe en effet devant cette institution supérieure que l'exécutif s'appellât Henri V, Comte de Paris, Napoléon III? Qu'importe qu'il fût électif, temporaire, viager ou héréditaire? Quoi qu'il fût nous étions sûrs qu'il ne pouvait nous être utile, et qu'il ne pouvait pas nous nuire.

Avec votre Sénat toutes les questions éminentes restent pendantes. Vous pouviez élever la digue avant l'arrivée des flots : vous avez mieux aimé attendre que la submersion arrivât pour y opposer un obstacle : nous verrons si vous réussirez à arrêter le débordement.

J'exposerai dans les chapitres suivants les causes de nos révolutions et les moyens de les éviter.

LA CAUSE DE NOS RÉVOLUTIONS.

Monarchiques, despotiques ou républicaines, octroyées, imposées ou fabriquées par nous-mêmes, toutes nos constitutions après une courte durée ont péri, et péri par la même cause, l'antagonisme des pouvoirs exécutif et législatif. Ce principe de mort, ce germe fatal de destruction se retrouve dans celle de 91, de l'an III, de l'an VIII ; dans les chartes de 1814 et de 1830 ; dans les constitutions de 48 et de 52 et j'ajoute dans celle de 1875. On peut même affirmer hardiment qu'il n'est pas un seul député qui ne l'ait introduit dans la constitution imaginaire qu'il se prépare à substituer à la dernière faite.

Exclusivement depuis 89, tous nos gouvernements ont été composés de deux pouvoirs, l'exécutif et le législatif; sauf en 89 et en 48, on a toujours essayé de leur en accoler un troisième dont, instinctivement, on sentait la nécessité, mais que jamais l'on n'a doté de la puissance qui lui était nécessaire pour remplir ses fonctions modératrices : on peut dire qu'il a existé de nom, mais jamais de fait. Ce n'était qu'une doublure de la chambre élective, une superfétation. Toutefois l'histoire nous révèle que les gouvernements munis d'une seconde chambre ont duré cinq, quinze et dix-huit années, tandis que ceux qui en étaient dépourvus n'ont vécu qu'un instant. Si l'ombre d'un pouvoir modérateur a eu ce résultat, quels effets aurait produits la réalité !

Malgré l'apparence, il est donc vrai de dire que tous nos gouvernements ont été des gouvernements à deux têtes, à deux âmes, opposés de passions, d'intérêts, de vouloir ; or, dans un tel organisme politique, dès que le mécanisme entre en jeu, il nait entre les deux moteurs un désaccord, une désharmonie qui croit comme le temps. La divergence des vues, la contrariété des principes, l'ardeur des ambitions grandissent la malentente, attisent les haines, enflamment les colères ; à la fin la guerre éclate, elle devient acharnée, et se termine invariablement par la chute de l'un des deux adversaires et par le triomphe de l'autre.

Un coup d'œil rapide sur l'histoire de nos quatre-vingts dernières années, mettra ces faits en évidence.

Trois mois après sa promulgation, la Constitution de 91 est suspendue, et Louis XVI est écroué dans la géole d'où il ne sortira que pour monter à l'échafaud.—Pouvoir exécutif renversé par le législatif.

Dans la Convention, effroyable fut la lutte pour la domination : la faction qui occupait le pouvoir était assaillie par

les autres jusqu'à anéantissement, après l'**extermination**
des Girondins, extermination des Cordeliers ; après celle-
ci, extermination des Jacobins.

Incessante fut la discorde entre les Conseils et le Directoire.
Celui-ci se porta contre eux aux dernières violences. — Législatif opprimé par l'exécutif.

Mais si les Cinq-Cents n'avaient pas été devancés par le
Directoire, ils auraient certainement réagi contre la Constitution républicaine.

A son tour, au 18 brumaire, le Directoire est chassé du
pouvoir par une conspiration ourdie au sein du Conseil des
Anciens.

Napoléon, premier consul par la Constitution de l'an VIII,
Empereur par sa volonté en 1804, fait, défait, refait à sa
guise la Constitution, le pouvoir législatif devient dans ses
mains un corps brut, sans vie, sans force, sans volonté. —
Législatif asservi par l'exécutif.

A peine la charte octroyée a-t-elle commencé à fonction-
ner que les conflits s'élèvent entre les députés et la Couronne : à l'opposition de la chambre introuvable, succède
celle du parti libéral; après des chances diverses la discorde
aboutit en 1830 à la guerre civile, et la lutte se termina
par la victoire de la Chambre, l'abdication du roi, et la dé-
chéance de la branche aînée de la Maison de France. —
Pouvoir exécutif banni par le législatif.

A l'hérédité de la pairie près, il y avait identité entre les
gouvernements de Louis XVIII et de Louis-Philippe, ils ne
différaient guère que par les personnages : la machine po-

litique étant restée la même, devait, passé un certain laps
de temps, produire ou subir les mêmes déplorables conséquences. Après une douzaine d'années de règne, rien n'em-
pêchait le roi de fermer les Chambres et de se passer de
leur concours : assurément il pouvait entreprendre ce qu'a
tenté Charles X et réussir, que fallait-il pour cela? Qu'il l'osât.
Louis-Philippe n'a pas commis cette félonie : il était trop
honnête homme et d'ailleurs il n'en avait pas besoin. Mais
je constate que s'il n'en a pas eu la pensée, au moins en
avait-il la possibilité.

De son côté, la Chambre a laissé le règne de Louis-Philippe se prolonger dix-huit années; durant cette longue période, l'envie ne vint à aucun député de jouer au tribun; le
jour où M. Odillon Barot s'en passa la fantaisie, ce gouvernement équilibré sur la pointe d'une aiguille, qu'un
souffle suffisait, selon le vent, pour faire choir du côté de
la Couronne, ou du côté de la Chambre, s'écroule à l'appa-
rition du fantoccini, et ensevelit le trône sous ses débris.
Jamais on n'avait vu pareil effondrement et par l'action d'une
si faible cause. — Exécutif jeté bas par le législatif.

Il reste encore parmi nous un très-grand nombre de gens
qui ont assisté au laborieux enfantement de la République
de 48, dès l'abord il fut évident pour la plupart que l'enfant ne vivrait pas : le suffrage universel lui avait donné
pour parrain le prince Louis-Napoléon avec mission sous-
entendue, mais très-expresse, d'étouffer le nouveau-né
dans son berceau. Malgré ses serments, il n'en fit faute, et
la République née le 24 février 1848 avait vécu le 2 dé-

cembre 1851, le pouvoir législatif dispersé, emprisonné, banni, déporté, était anéanti. — Législatif aboli par l'exécutif.

On objectera peut-être que la seconde République n'a péri, que parce que la France l'avait condamnée ; j'en suis convaincu, mais supposé que le vote populaire eût donné à Louis Napoléon 1,500,000 suffrages et 8 millions à Cavaignac, croit-on par hasard que la république eut vécu ! Ce serait une grosse erreur : bien moins que le régime parlementaire elle eut résisté à son organisation bicéphale. Sans aucun doute elle eut duré autant que la présidence de l'honnête Cavaignac, — mais l'élection donne rarement des hommes de cette probité : le plus souvent elle ne produit que l'ambition, emporté jusqu'aux plus extrèmes audaces. Ceux-là en un vire-main métamorphosent les républiques en monarchies.

Si le suffrage universel au lieu d'un président habile et audacieux eut élu un apeco, est-ce que le danger d'une révolution eut été moindre ? point du tout, il eut été tout aussi éminent, il ne fut pas venu cette fois du président incapable, mais de la Chambre. La faction dominante au Corps législatif, saisissant l'occasion de la faiblesse du chef de l'État, se fut emparée du pouvoir, et eut renversé le président légitime. Oh! dira quelque naïf, la France se serait levée pour défendre son élu! allons donc : est-ce que la France joue un rôle dans ses révolutions? elle y assiste comme un spectateur aux tragédies de Corneille. Les révolutions se font chez nous, sans nous, contre nous : en notre nom toujours: avec notre mandat, sauf 89, jamais. Achevées, on nous jette insolemment à la tête le fait accompli, et la France honteuse et humiliée, sur sa coche des révolutions fait une entaille de plus.

S'il y eut jamais constitution que l'on dut croire garantie contre l'antagonisme, à coup sûr c'est celle de 1852. Elle réservait à la Couronne, tous les droits, toutes les prérogatives.

Pouvoir constituant, initiative des lois, la paix, la guerre, les traités, il ne restait à la Chambre muette que le droit de voter non ou oui, et cette prérogative, la seule qui lui restât, fut rendue illusoire par l'intrusion dans le corps législatif d'une représentation ne représentant que le pouvoir. C'était donc une volonté unique qui gouvernait, légiférait, fixait le chiffre du budget, celui des armées, en un mot faisait tout. Le Solon rédacteur de cette constitution était bien convaincu qu'il l'avait expurgée de tout ferment de conflit. C'était, en effet, une œuvre accomplie de despotisme ; mais pour jeter de la poudre aux yeux des ignorants, et lui donner une teinte libérale, il l'avait marquée à l'estampille de 89, et mise à l'abri d'un plébiscite, malheureusement l'habile inventeur avait eu l'imprudence d'introduire dans ce chef-d'œuvre d'omnipotence et d'arbitraire, un germe de Corps législatif. Si minime qu'il fut, c'était assez pour en occasionner la ruine. Ce germe, comme l'œuf de l'ichneumon, se développa, se nourrit aux dépens du corps dans lequel il avait été ingéré, et finit par le dévorer tout entier. La constitution de 1852 était détruite par le parasite introduit dans ses flancs, même avant d'engloutir ses débris dans le désastre de Sédan.

Ces mémorables exemples démontrent que l'antagonisme, conséquence fatale de tout gouvernement bicéphale, **est la cause inévitable de leur ruine**, d'où nous déduisons que tous ceux qu'on édifiera sur le même plan, dans lesquels on introduira le même vice organique, sont voués certainement à périr ; et que tant que nos législateurs nous imposeront de semblables constitutions, nous continuerons de rouler dans le même cycle révolutionnaire, passant de la liberté à l'anarchie, de l'anarchie au despotisme, sans nous arrêter à aucune étape ; allant, allant toujours, poussés, comme le Juif-errant, par une invincible fatalité.

Non, rien ne peut préserver les gouvernements à antagonisme, les gouvernements bicéphales, de cette destinée : priviléges, garanties, exagération de puissance poussée jusqu'à l'absolutisme, accordés à l'un ou à l'autre pouvoir, pas plus que le parfait équilibre des droits et priviléges, ne peuvent les sauver de la destruction. Il n'y a bras, ni force, ni volonté capables de contenir, de séparer ces frères ennemis. Qui donc a la puissance de les contraindre à vivre en paix ? Qui donc a le droit de leur dire « tu n'iras pas plus loin » ? où est le Dieu dont le tyrse pacifique tombant entre les combattants les force à se réunir dans un commun embrassement ? il devrait exister ce puissant pacificateur, il devrait comme une providence être toujours présent entre les deux adversaires et arrêter et prévenir leurs luttes ; tout le monde en sent la nécessité, mais jusqu'à ce jour personne n'a su l'inventer, n'a su interposer entre les deux ennemis une barrière infranchissable.

Les Républicains purs ont parfaitement compris le danger de l'antagonisme et ils croient pouvoir y échapper et échapper à la nécessité d'un pouvoir modérateur par l'institution de ces trois moyens : une Chambre unique et omnipotente; réduire le chef du pouvoir exécutif en une dépendance étroite de la représentation nationale ; brièveté extrême de la durée de la présidence. Mais, si chargé d'entraves qu'ils fassent leur Président de République, ils ne pourront jamais empêcher qu'il n'ait une grande autorité sur l'armée, le maniement des finances, une influence énorme sur les administrateurs et que ses intérêts particuliers et ses aspirations ambitieuses ne soient en opposition avec les vues de la Chambre. Au moyen des ressources dont il dispose, il se créera un parti parmi les députés, un plus fort dans la nation, et un beau jour on le verra mettre à la porte la représentation nationale, peut-être même aux applaudissements du peuple fatigué, comme en 1852, des luttes intestines de l'Assemblée et de son omnipotence stérile. Donc, loin que le système d'une Assemblée unique détruise l'antagonisme, elle le provoque : de tous les régimes, c'est celui qui en favorise le plus le développement et le danger; avec un président ambitieux et déloyal la République actuelle ne durerait pas six mois.

Cette cause de toutes nos convulsions politiques, l'antagonisme des pouvoirs, n'avait point échappé aux éminents hommes d'État du gouvernement de juillet : ils en avaient compris les funestes conséquences et voici comment ils avaient imaginé d'y remédier.

Il y a lutte entre les pouvoirs parce qu'il y en a deux ; supprimons, se dirent-ils, l'un des combattants et le combat deviendra impossible ; alors, supposant que l'ingérence du roi dans les affaires publiques introduisait la discorde entre les pouvoirs, ils posèrent en principe que cette ingérence devait être écartée, afin de détruire l'antagonisme et les bouleversements qui en sont la suite nécessaire.

Cette théorie, réduite en principe, fut condensée dans la formule fameuse que l'on posa, et que l'on pose encore, comme la règle suprême du gouvernement parlementaire, comme sa pierre angulaire: « Le roi règne, et ne gouverne pas. »

C'est l'inverse de la théorie de Napoléon III. Celui-ci pour détruire l'antagonisme des pouvoirs, annihilait la re-présentation nationale : dans ces deux systèmes le résultat aboutit également à l'absolutisme, l'un au despotisme d'un seul, l'autre au despotisme à quatre cents têtes.

En effet, supposé cette formule, le roi règne, etc., appliquée au gouvernement parlementaire ou républicain, qu'advien-dra-t-il ? Que le chef de l'État, empereur, roi ou président, passera à l'état de Mikado antique, de reine Victoria, et que le Corps législatif restera l'unique pouvoir. C'est la pire des tyrannies, la tyrannie à 500 têtes. C'est la Convention souveraine absolue, avec ses factions, ses luttes de partis pour la domination, et qui sait s'il ne s'y joindrait pas ses hé-catombes humaines ? Assurément, ce n'est pas là un gage d'ordre et de paix et le gouvernement bicéphale valait mieux que celui-là : je lui préférerais même le monocéphale de Napoléon III.

Et remarquez-le, je vous prie, cette assemblée issue du suffrage universel, unique et omnipotente, conséquence infaillible de la formule: le roi règne, etc., est précisément celle que les démagogues appellent de tous leurs vœux, ils veulent une Chambre unique où ils espèrent dominer par le nombre, et sinon par le nombre au moins par la terreur ; ils la veulent toute-puissante, pour pouvoir du haut de ce poste inviolable, faire pleuvoir sur la France impunément et légitimement toutes les lois cruelles et absurdes qu'ils rêvent de nous appliquer : confiscation universelle, liquidation sociale, suppression du bourgeois, égalité absolue, etc.

C'est l'exemple de l'Angleterre qui a égaré les inventeurs, fauteurs et prôneurs de la formule : ils crurent que ce qui était bon au-delà du détroit serait bon en-deçà ; qu'il n'y avait nul inconvénient, nulle difficulté à couler une pure démocratie dans le moule d'une antique aristocratie : ils ne virent point qu'il n'y a aucune parité entre les deux peuples et que ce qui convient constitutionnellement à l'un, doit constitutionnellement disconvenir à l'autre.

Dans les contrées d'outre-Manche, l'aristocratie possède l'or, la terre, l'industrie, toutes les richesses, toutes les sources de la fortune publique et particulière : bardée, remparée par le droit d'ainesse et de substitution, par les majorats et toutes les servitudes dont la féodalité peut grever le sol, elle s'élève au-dessus de la nation comme une montagne

immense, escarpée, inabordable, difficilement escaladable, elle
a conservé tous les pouvoirs, détourné à son profit toutes
les forces de la nation : et du Parlement, siége de sa puissance, elle proment ses volontés et fait tout mouvoir. Elle
a pour agent la Chambre des Communes dont la vraie fonction est d'être une inconsciente sous pape : de sûreté, en
dehors de l'aristocratie, il n'y a plus rien, rien qu'un fantôme de roi et un fantôme de peuple.

De ce côté du Pas-de-Calais, rien de semblable : aristocratie, féodalité, servitudes de la terre, servitudes individuelles, etc., etc. il y a quatre-vingts ans que nous avons
jeté loin de nous ce vieil outillage d'une civilisation fruste;
nous sommes la démocratie pure et démocratie pure nous
resterons, les fleuves ne remontent pas à leur source, ils ne
retournent pas aux bords qu'ils ont quittés : emportée par
le même courant, l'Angleterre un jour verra les rivages
où nous avons atterri les premiers : nous, nous ne rever-
rons jamais plus les siens.

A la royauté spoliée de toute puissance effective, l'aristocratie anglaise a laissé les oripeaux, les dorures, les vains hommages : même elle a développé et porté la révérence pour la
personne royale très au-delà des limites raisonnables ; elle
l'a élevée jusqu'au culte : calcul de politique rafinée : plus
sera vénérée l'idole symbolique du pouvoir, plus sera respecté
son hiérarchique entourage; plus solidement aussi sera assise
cette aristocratie, au-dessus de laquelle se dresse le fétiche
religioso-monarchique. Que l'on ne s'étonne donc point en
voyant les plus grands seigneurs de la Grande-Bretagne être

les plus fervents adorateurs de ce simulacre de royauté. Ils établissent ainsi leurs droits aux hommages et à la vénération des classes sous-jacentes.

Ici, nous ne comprendrions pas un chef de l'État, monarque ou président de république, réduit à l'état de Mikado. Nous le voulons pourvu d'autorité, nous voulons qu'il sache, qu'il puisse, qu'il fasse; un chef, roi fainéant, tomberait vite dans le ridicule et dans la disgrâce de ce peuple de travailleurs. D'ailleurs, nous n'avons pour nos chefs qu'un respect juste et modéré, qui peut s'élever jusqu'à l'enthousiasme, comme il peut s'abaisser jusqu'au mépris. Mais si jamais l'idolâtrie gagne notre populaire, ce ne sera point une institution religioso-politique qui fera ce miracle, ce sera une longue série de grandes et d'héroïques actions.

En même temps que l'aristocratie d'Angleterre spoliait la Couronne de ses prérogatives, elle fortifiait son usurpation par le maintien de l'asservissement populaire. La longue durée et l'ancienneté de cet asservissement l'a si bien fait passer dans les mœurs, que l'habitude y est devenue une seconde nature. John-Bull est serf de race, il a l'instinct héréditaire de la sujétion : voyez la foule se disperser sous le bâton du constable; voyez-la se proterner à plat ventre devant ses fétiches aristocratiques ; voyez-la donner la plénitude de son assentiment au mépris des grands pour son infimité, et vous direz comme moi : « assurément ce peuple a été procréé asservi. » Ce n'est pas lui qui eût fait ou referait 89 : il en étoufferait l'idée, si elle pouvait germer dans son esprit, il n'a point le ressentiment de ses griefs.

de ses douleurs, de son abaissement : il n'aura jamais les
colères embrasées qui dictèrent à nos pères leurs immor-
tels cahiers — pourvu qu'il ait le pain quotidien, le travail abondant, et les quelques libertés inoffensives ou offen-
sives laissées à sa servitude, il n'éprouve point le besoin de
rompre ses chaînes, quand il ne peut plus les supporter,
il émigre, mais il ne s'insurge point. Pourtant cet état de
choses ne peut pas toujours durer ; et il y a des symptô-
mes qui en annoncent la dissolution plus ou moins prochaine. Quel que soit son art des ménagements cauteleux,
et des habiles tempéraments, l'aristocratie anglaise, un
jour verra le peuple briser son joug, il sera terrible le jour
où l'édifice si solide de l'aristocratie britannique, œuvre de
tant de siècles, de tant d'habileté croulera sous les coups
du bélier populaire ! Ainsi là-bas la souveraineté est à l'a-
ristocratie par fait d'usurpation : et de ce côté de la Manche,
la souveraineté par droit naturel appartient à la nation
il n'y a donc entre ces deux peuples aucune parité : entre
eux politiquement tout est différent : partant, les institutions
de l'un ne peuvent pas convenir à l'autre.

D'ailleurs c'est une insigne erreur de faire de la formule :
« le roi règne et ne gouverne pas » le principe fondamental du régime parlementaire : elle n'est ni un principe,
ni une règle, ni une maxime : elle n'est rien de tout cela :
elle est purement et simplement l'expression d'un fait particulier à l'histoire de la Grande-Bretagne, du fait de l'absorption des prérogatives de la Couronne par l'aristocratie,
pas autre chose : cela veut dire : en Angleterre le roi est

Mikado, et l'aristocratie Taïcoun, ou, en langage vulgaire : « le roi est sujet et l'aristocratie souveraine. »

Appliquée à la France, cette formule n'a plus de signification : il n'y a pas ici de fait dont elle puisse être l'expression. Si pourtant l'on voulait représenter par une formule analogue à celle-ci, la situation respective des pouvoirs en notre de pays, on pourrait dire: « en France, le peuple règne et les pouvoirs représentatifs gouvernent. »

Nous avons eu en ces derniers temps une preuve bien évidente de l'inapplicabilité de cette fameuse formule au gouvernement de la France. Ceux qui en avaient été les plus ardents promoteurs portés par les événements à la tête du gouvernement, ne s'en sont plus souvenus : ils l'ont enseveli dans un complet oubli, ils se sont servis du pouvoir au gré de leur génie, de leur courage et de leur patriotisme : et ils ont bien fait ; ils ont tiré la France de l'abîme, rétabli l'ordre, et replacé le pays sous le régime de la loi : en un mot, ils ont gouverné et bien gouverné. S'ils s'étaient contentés de régner, quels tristes résultats aurait eu leur majestueuse indolence? Nul n'a pensé pendant leur gouvernement, si ce n'est vers la fin, à les rappeler à la formule : et cet oubli volontaire a été un acte de bon sens et de patriotisme.

Cessons cette manie d'emprunter aux étrangers leurs organisations politiques : là n'est pas le salut : aucun de ces modèles, grecs ou romains, anglais ou américains, ne va à la France : à calquer ces formes étrangères, nous n'avons jamais trouvé que mécompte, erreur, déception. C'est conséquent: leurs institutions sont appropriées à leurs besoins, à leurs mœurs, à leur nature et non aux nôtres qui ne sont pas les mêmes, faisons comme eux. Soyons nous, et n'essayons pas d'être les autres, si nous voulons être, au lieu de chercher des études au loin, auprès, autour de nous, fixons les yeux sur nous et soyons-nous à nous-mêmes notre propre étude : connaissons-nous, et après taillons-nous des institutions appropriées à nos qualités et à nos défauts, moulées sur notre nature : voilà ce que nous aurions dû faire, et voilà, pour ne l'avoir pas fait, pourquoi, depuis un siècle, nous errons à l'aventure, entraînant après nous dans la voie de l'erreur, les peuples qui marchent sur nos traces, alors que nous aurions pu, mieux inspirés et plus habiles, être pour eux des guides sûrs.

Ainsi donc l'expérience, une expérience vingt fois renouvelée depuis un siècle, a prouvé que : agitation, convulsion politique, coups d'État, insurrections, révolutions, tous ces maux dérivent de l'antagonisme des pouvoirs. Supprimez l'antagonisme et vous tarissez la source de tous nos maux politiques. C'est la croyance des républicains purs, c'est l'opinion des auteurs de la formule : « le roi règne et ne gouverne pas, » c'est la pensée de tous les législateurs qui ont institué un Sénat ; c'est l'idée que **M.** de Broglie a laissé entrevoir timidement, il est vrai, mais enfin qu'il a montrée à la Chambre, et s'il nous était donné de pénétrer plus avant dans le secret de sa pensée, nous y trouverions peut-être des opinions assez conformes aux nôtres : enfin ça été l'avis de la Convention comme celui de l'Assemblée nationale actuelle. Mais personne jusqu'à ce jour n'a trouvé le moyen de détruire cet antagonisme ; tous ont bien senti que c'est le Sénat qui doit être le moyen de salut, mais aucun n'a proposé un Sénat capable de produire cet effet avec certitude et sûreté.

Dans le chapitre suivant, nous rechercherons quelles doivent être les prérogatives, priviléges, attributions, composition du Sénat pour arriver à cette fin.

III

DU SÉNAT.

———

L'antagonisme du pouvoir exécutif et du pouvoir législatif, voilà donc la cause première, principale, j'oserai presque dire unique, de toutes nos révolutions.

Y a-t-il un moyen certain de prévenir la lutte des deux pouvoirs ? Oui.

Ce moyen connu, employé dès la plus haute antiquité et dans les temps modernes, recommandé par tous les grands législateurs, par tous les hommes vraiment politiques, c'est un Sénat, il a été revendiqué par la partie la plus saine, la plus intelligente et la plus habile de la grande Constituante : la Convention en sentit la nécessité comme Louis XVIII, comme Louis-Philippe, comme l'Assemblée nationale. Mais si la Convention, les monarques susdits et la cinquième Constituante ont jugé ce rouage politique utile, nécessaire, pas un d'eux n'a connu la loi de son organisation, aucun n'a eu une idée juste de sa fonction, et des conditions auxquelles il pouvait la remplir.

Quelle est la fonction du Sénat ? D'être un pouvoir modérateur. A quelle condition sera-t-il pouvoir modérateur ? A condition qu'il sera dominateur.

Comment modérera-t-il le pouvoir exécutif qui veut franchir les bornes qu'on lui a imposées, s'il ne le domine pas : comment réprimera-t-il la prépotence réactionnaire, révolutionnaire, ou démagogique de la Chambre basse, s'il ne la domine : le Sénat doit donc être dominateur pour pouvoir être modérateur ; dans la lutte des deux pouvoirs il doit être pour les deux une barrière infranchissable ; dans la paix, un trait d'union.

Si un tel Sénat avait existé en 91, il eût arrêté court les petits essais de complotement de la Couronne, et les décrets subversifs de la Législative, le roi inculpé eût été mis en jugement : innocent, on l'eût acquitté, coupable, remplacé par son fils. L'Assemblée promotrice de la révolution eût été dissoute, ses décrets annulés et la constitution fut restée debout.

Aux jours néfastes du 18 fructidor, il eût réprimé les violences du Directoire et neutralisé les velléités réactionnaires des Cinq-Cents qui les avaient provoquées.

Ce Sénat existant, le 18 brumaire ne fût pas devenu une nécessité.

Il eût contenu Napoléon-le-Grand, empêché ses empiétements, borné ses guerres, modéré ses égarements politiques et conservé à la patrie l'épée, le génie du grand homme et le grand homme sauvé de lui-même.

Après que l'abdication de Fontainebleau eut laissé le trône vacant, et le pays en proie à l'étranger, notre Sénat, à l'opposé du misérable corps appelé par antiphrase Sénat conservateur, eût saisi les rênes abandonnées et demandé à la nation quel chef elle voulait ? Si la France eût répondu « Napoléon II : » qui eut osé lui imposer les Bourbons ? Si « les Bourbons : » Ceux-ci ne fussent pas rentrés sur les baïonnettes ennemies, et nous n'aurions pas été amenés à chasser à coups de fourches les descendants de nos vieux rois (1).

Un vrai Sénat eût fait arrêter le ministère Polignac et maintenu sur le trône le duc de Bordeaux ; il eut fait saisir et conduire à Mazas le gouvernement improvisé à l'Hôtel de Ville le 24 février, et assis sur le trône déserté le Comte de Paris.

Et si la République de 48 se fût remparée de cette institution, jamais le **2** décembre n'eût été osé, jamais il n'aurait été conçu.

Et si le second empire se fût prémuni de ce bouclier protecteur, nous n'aurions pas subi après son effondrement, *la dictature de l'incapacité* (2).

Et vous, députés de la cinquième Constituante, que deviez-vous faire pour mettre votre œuvre à l'abri des attentats des chefs d'État ambitieux et garantir la représentation

1. Châteaubriand.
2. Lantrey.

nationale contre ses propres excès? Vous deviez contre ce double danger élever la digue insubmersible d'un Sénat dominateur.

Alors eût été close l'ère des révolutions, alors se fût ouverte l'ère des réformes régulières, des changements légaux, dans une paix intérieure sans fin.

Pour ne l'avoir pas fait, vous verrez de vos yeux détruire votre édifice politique, ou par les mains d'un président de la République ou par une Chambre révolutionnaire.

II.

J'entends que l'on me crie : « des Sénats, des pairies? « nous en sommes las, nous en avons toujours eu : qu'ont- « ils fait? rien, rien, rien : cinquième roue au carosse, « voilà ce qu'est un Sénat. »

Oui, oui c'est vrai, vos Sénats, vos pairies, vos Conseils des Anciens n'ont prévenu aucune révolution ; est-ce leur faute ? non certes, c'est la faute des législateurs qui les ont institués. Pourquoi n'ont-ils empêché aucune révolution, arrêté aucun coup d'État ? parce qu'on les a créés impuissants. Comment les Anciens auraient-ils empêché le Directoire d'annuler les élections de quarante-huit départements, de déporter quarante-deux Cinq-Cents, onze Anciens, deux Directeurs ? Quels obstacles pouvait mettre le Sénat conservateur aux desseins de l'homme devant qui tous les rois de l'Europe étaient à genoux, et qui pétrissait le Sénat lui-

même comme une cire molle? Avec quelles armes la pairie
de Charles X eut-elle repoussé les armées du ministère vio-
lateur de la charte? Quel moyen avait la pairie de Louis-
Philippe pour repousser l'émeute du 23 février, et étouffer
la révolution du 24? Ah! si l'on prétend endiguer l'océan
avec une poignée de sable, ou soulever des montagnes avec
un brin de chaume, assurément on n'y réussira pas : et si
à la vue de l'insuccès, on pousse des cris de surprise, je dis
que c'est agir en enfant ou penser en idiots.

Voulez-vous que le Sénat réprime les fougues, les audaces
d'un chef avide de pouvoir absolu? Imposez-lui le devoir de
le contenir, et armez-le de la prérogative de le mettre en
accusation en cas de forfaiture. Voulez-vous qu'il conjure
les complots ourdis contre la constitution, ou contre la société dans une Chambre démagogique? Donnez-lui le droit
de la proroger et même de la dissoudre. Voulez-vous qu'il
étouffe une révolution dans son berceau? Qu'il puisse,
quand il en sentira l'urgence, proclamer la dictature? Enfin,
voulez-vous que, même après l'entière destruction du gouvernement légitime par les factions, par la tyrannie, ou par
l'étranger, il reste toujours une autorité survivante autour
de laquelle pourront se rallier les restes mutilés de la
France? Imposez au Sénat, quelque décimé qu'il soit, fût-
il réduit à un seul sénateur, l'obligation de se rendre sur
un point quelconque du territoire, et d'appeler là, autour de
lui, l'armée, l'administration, les finances, la justice et or-
donnez à tous ceux qui ont échappé au désastre, soldats,
fonctionnaires, magistrats, citoyens, de venir à la rescousse

d'obéir tous à ses ordres sous peine de félonie, et vous verrez tout le pays accourir à la voix du Sénat, et se serrer autour de lui dès qu'il aura déployé le drapeau de la patrie en danger : et la France ne restera plus à la merci du hasard, comme cela lui est arrivé vingt fois depuis 80 ans. Elle ne sera plus forcée de subir la honte du gouvernement de misérables subrepticement installés au pouvoir et qu'on y laisse faute d'une autorité légitime ; quelles que soient ses infortunes, il lui restera toujours un pouvoir directeur, légal et régulier qui tiendra haut le drapeau de la France.

Mais les sénats impériaux, les pairies monarchiques, les conseils républicains, votre Sénat lui-même, constitués sans indépendance et sans puissance ne sont véritablement que des organes inutiles, de vains simulacres, des hors-d'œuvre ; ils ne sont rien, n'empêchent rien, ne servent à rien, si ce n'est à polir les rugosités et à corriger le français des lois fabriquées à la Chambre basse.

Voulez-vous estimer à leur juste valeur l'importance et la virilité de ces corps ? Observez-les dans nos jours de crises révolutionnaires : en ces jours qui sont leurs jours, les jours pour lesquels ils ont été procréés ; que font-ils ? où sont-ils ? disparus, évanouis, anéantis — ne les cherchez pas, vous n'en trouverez miette. — Au 18 brumaire, en 1815, en 1830, au 24 février, au 4 septembre, il n'y a plus ni Sénat, ni Sénateurs.

Et pourtant ce n'était pas le talent, le mérite, la gloire qui manquaient à ces corps ; ils étaient tous composés des hommes d'État les plus habiles et les plus expérimentés, des savants les plus illustres, des lettrés les plus célèbres, des guerriers ! les plus distingués de la flotte et de l'armée, des magistrats les plus renommés. La gloire, le talent, la science, l'intelligence, le mérite, toutes choses qui contiennent en soi tant de force, sont donc, toutes ensemble réunies, insuffisantes pour constituer une seconde Chambre ? Oui, complètement insuffisantes, et un sénat, une pairie uniquement composés par elles, sera une belle Chambre d'hommes remarquables, mais ce ne sera pas un pouvoir.

Telle ne doit pas être la haute Chambre, dans notre gouvernement démocratique : Elle doit être la plus haute expression de l'intelligence nationale ; la représentation des grands intérêts, de la science et de la gloire ; elle doit issir de toute la population — et surtout il est nécessaire qu'elle soit munie de prérogatives qui la fassent puissante, indépendante et capable de remplir ses fonctions modératrices.

III.

Nous avons dans la Chambre basse la représentation du suffrage universel : tout Français âgé de vingt-un ans a le droit de mettre dans l'urne du scrutin un bulletin de vote qui compte pour un ; celui de Cuvier, celui de Laplace, vaut un, ni plus ni moins que celui de mes voisins Grand-Guillot et Jondé chanson poitrine qui portent l'un la croix et l'autre la bannière à la procession de Chambrouté, et font écrire leur bulletin, ne sachant A ni B. Il faut même chercher plus bas, si l'on veut avoir la vraie valeur, l'étalon du vote, il faut descendre jusqu'au vote de l'idiot non interdit, qui a une lueur de raison assez visible pour devoir n'être pas rayé de la liste électorale. N'est-il pas vrai que la voix de cet avorton pèse autant que celle de Thiers ou de Guizot, et que le vote de l'homme de génie comme celui de l'imbécile n'ajoute qu'une unité à la somme des voix? S'il en est ainsi la Chambre élue par le suffrage universel est la mandataire du nombre, rien de plus : Elle ne représente ni la science, ni les services rendus, ni le mérite, ni le talent, ni l'intelligence, ni la gloire acquise, ni les intérêts.

On se tromperait étrangement, en nous supposant l'intention d'attaquer ou de dépriser le suffrage universel ; loin de songer à son abolition, nous croyons qu'il faudrait l'inventer s'il n'existait pas, parce que sous le régime de la souveraineté du peuple, il est le droit naturel, et que ce droit est inhérent à chaque citoyen, imprescriptible, inaliénable.

Après cette profession de foi on ne nous accusera pas d'être un ennemi du suffrage universel : nous reconnaissons sa légitimité, mais en même temps nous réclamons le droit de l'estimer à sa juste valeur ; nous ne voulons ni le rehausser ni le rabaisser, mais le peser à son vrai poids.

Hé bien, la Chambre qui représente le nombre, représentera-t-elle la science, les lettres, l'Université? Non ; l'armée, la flotte? Non ; l'administration, le corps judiciaire? Nullement ; l'industrie, le commerce, la propriété, les arts? Rien de tout cela. Elle est la représentation de la portion la plus nombreuse et la plus infime de la nation, mais non de la France.

Sans doute les députés appartiennent presque tous à l'une quelconque des hautes classes; mais ce n'est pas comme leurs représentants qu'ils siégent dans l'Assemblée ; ils n'y sont que comme délégués du suffrage universel. Or qu'il plaise à celui-ci, et cette fantaisie lui viendra bientôt, soyez-en certains, de ne plus prendre les élus en haut, alors vous ne verrez plus que des bourgerons sur les bancs de la Chambre.

Ainsi tandis que la partie la plus infime de la nation, parce qu'elle est la plus nombreuse, est assurée d'une représentation, celle qui a le dépôt des sciences et de tous les trésors de la connaissance, amassés par les générations passées, qui diffuse la lumière dans l'âme de notre jeunesse ; qui cultive les beaux-arts et les lettres, produit tant de chefs-d'œuvre ; qui préside aux grands travaux publics, et dirige les immenses ateliers, d'où sortent les richesses aliments du pauvre et aliments de l'épargne ; qui maintient l'ordre par la justice distributive, le défend par les armes et prépare en silence la revanche vengeresse, toute cette portion de la nation n'en aurait pas ? Est-ce que ces diverses fractions du peuple n'en méritent pas? Est-ce qu'elles n'y ont pas droit autant que l'autre? Est-ce qu'elles ne sont pas aussi la démocratie? Oui elles sont la démocratie, et si elles n'en sont pas le nombre, elles en sont la raison, le génie, la gloire et l'âme. Et ces organes par qui respire, pense, resplendit la patrie, seraient sans droit à être représentés dans les conseils de la nation? Mais supprimez donc par la pensée, les classes savantes et intelligentes, que vous reste-t-il? Une masse à coup sûr inférieure aux peuples asiatiques et peu supérieure aux hordes africaines, comme l'a démontré la Commune à Paris ; — la civilisation décapitée rétrograde jusqu'aux époques primitives, jusqu'aux temps où nos sauvages ancêtres combattaient avec des haches de pierre et cousaient avec des aiguilles d'ors.

Hé quoi! à la partie de la démocratie qui consacre sa vie aux travaux manuels, vous reconnaissez le droit de constituer le corps législatif, parce qu'elle est la majorité, et à cette autre qui consacre sa vie aux travaux intellectuels, parce qu'elle est la minorité vous ne reconnaissez aucun droit? y-a-t-il justice en cela ? y a-t-il raison? non certe, il n'y en a pas, et il y a ingratitude, car vous, le nombre, qui êtes le souverain aujourd'hui, à qui le devez-vous? sinon à ces classes intelligentes auxquelles vous refusez toute représentation spéciale : ce sont elles qui vous ont fait ce que vous êtes, ce sont elles à qui vous devez votre indépendance et vos libertés. Et j'ajoute qu'à leur dénier, comme on le fait, toute représentation il y a péril, péril immense, péril imminent. Jetez avec moi un regard franc dans les profondeurs non d'un lointain avenir, mais d'un avenir prochain et ne refusez pas d'y voir ce qui pour un œil clairvoyant y est visible comme le soleil en plein midi, vous frémissez.... convenez donc que confier les destinées du pays à la versatilité, à l'incapacité, aux emportements d'une Chambre unique, issue du suffrage universel, c'est de la

— 43 —

démence. — Hé bien ! c'est ce que vient de faire l'Assemblée nationale, car son Sénat n'est rien et la Chambre basse reste omnipotente.

Non, la représentation de la France ne doit pas être une représentation mutilée, la figuration de sa moitié inférieure, elle doit être la véritable effigie, la photographie de la nation entière : déjà nous possédons la représentation des classes inférieures, ajoutez-y celle des classes supérieures alors vos conseils nationaux seront la représentation vraie et complète de la France.

IV.

Que doit donc être la Chambre haute, la Chambre des pairs ? un foyer où seront concentrées toutes les lumières, toutes les forces vives de la nation. Elle doit être la mémoire, la sagesse, l'âme de la patrie, comme l'autre Chambre est son cœur et le bouillonnement de ses passions. Elle doit réfléchir l'intelligence sous toutes ses formes, la science sous toutes ses faces, tous les grands intérêts sociaux : j'entends par grands intérêts sociaux l'intelligence et la science appliquées à l'agriculture, à l'industrie au commerce. Elle sera donc un abrégé, un calque vivant de la France savante, artiste, industrielle, laboureuse, juge, soldat fonctionnaire, ouvrière, et de plus de la France morale et honnête.

Car le pair de France ne doit pas être seulement un

homme éminent, il sera encore un homme d'une probité et d'une intégrité parfaites, l'honneur entourera de son auréole le nom sans tache de tous ceux qui seront revêtus de cette haute dignité.

La règle qui devra présider au choix des pairs est celle-ci : prendre les meilleurs parmi les plus capables, dans tous les rangs, dans toutes les conditions de la société française.

V.

Par quels procédés pourra-t-on dégager de chaque classe les plus dignes parmi les plus capables ?

La nation se divise naturellement en sections, groupes ou départements moraux, ayant chacun une fonction différente et correspondant à la diversité des travaux qu'exigent les besoins de la société.

Nous ne ferons point dans la population de coupes artificielles. — Prenant le corps social tel qu'il s'offre à nous, nous moulerons le Sénat sur lui, et nous ferons dans la pairie autant de départements qu'il y a dans la nation d'appareils de fonctions; chaque groupe ou catégorie sénatoriale répondra à un département social, comme à l'Académie des sciences une classe répond à un groupe de sciences physiques, mathématiques, naturelles, etc.

La première catégorie comprendra l'Institut et l'Université, c'est-à-dire les sciences, les lettres, les arts et les écoles :

à eux l'honneur d'être les premiers, puisqu'ils sont le principe de tout bien, de tout progrès, de toute force sociale.

La magistrature judiciaire, le ministère public et le barreau formeront la deuxième.

La troisième se composera des propriétaires et agriculteurs.

La quatrième embrassera l'industrie et le commerce ; tous deux occupent une grande place dans la production générale, et cette place s'élargit chaque jour. On trouve dans la division et subdivision de ce département, tous les genres de sciences, de talents et de mérites.

La cinquième catégorie réunira l'armée et la flotte ; toutes deux sont le bouclier de la France, l'espoir de sa grandeur future, toutes deux des modèles de dévouement et de fidélité : l'art militaire et surtout l'art nautique s'appuient sur un vaste ensemble de connaissances de toutes sortes, ils exigent de grandes études et une capacité supérieure.

Dans la sixième nous grouperons les députés, tous les fonctionnaires, des ministres aux sous-préfets, de l'ambassadeur au consul.

La septième comprendra toutes les classes ouvrières. — Cette catégorie, la plus modeste de toutes, ne manque ni d'importance ni d'à propos, on dira peut-être : « pourquoi « des ouvriers à la Chambre des pairs ? à quoi bon ? qu'y « feront-ils ?

A la première question je réponds : pour que le Sénat soit véritablement la Chambre des pairs et la complète image de la France. Tous les départements moraux du pays n'y seraient pas reproduits si les classes ouvrières n'y étaient présentes par les plus honnêtes et les plus éminents de leurs membres. Chez un peuple où le principe de l'égalité devant la loi est généralement admis, où la forme du gouvernement est démocratique, ce serait un non sens, une iniquité, une contradiction blessante de ne pas ouvrir la porte du Sénat à l'une des plus nombreuses classes de la société, alors que vous y admettez les représentants de toutes les autres. Vous qui la repoussez, quelles raisons en donnez-vous? vous semblez craindre son manque de lumière? (et ici je réponds à la question qu'y feront-ils?) détrompez-vous, parmi les chefs ouvriers, parmi les entrepreneurs des travaux gigantesques, effectués partout à la surface ou dans les entrailles du territoire, il en est plus d'un qui se sont élevés à un haut degré de connaissances soit par l'étude, soit par l'expérience et la réflexion ; ces humbles membres tiendront noblement leur place au Sénat; de cette catégorie de pairs jailliront des lumières qu'aucun autre n'aurait pu fournir.

J'admettrais une huitième catégorie, la dernière que j'appellerais «du mérite.» Elle est créée pour ouvrir l'entrée du Sénat à de certaines notabilités, qui ne pouvant y pénétrer par une des sept portes déjà ouvertes y brilleraient par leur absence.

Un projet entrevu il y a cinquante siècles, par les Pharaons, repris par Alexandre et par Napoléon et toujours inexécuté, un simple particulier, un Français entreprend de le réaliser. Malgré l'Angleterre, malgré mille obstacles accumulés sur la route par les jalousies et les haines internationales, et par la faiblesse de l'Empire auquel il apporte gloire et fortune, son indomptable courage, sa force d'âme inébranlable. surmonte tous les obstacles ; l'isthme de Suez est coupé et la mer Rouge coule dans la Méditerranée. Eh bien, cet homme de génie, parce qu'il n'appartiendrait pas à une de nos catégories serait maintenu hors du Sénat qu'il a si bien mérité et dont il sera une des gloires les plus radieuses, si la huitième section ne lui en ouvrait les portes.

Supposons, par impossible, que l'héroïque Jeanne d'Arc vienne en ce moment même d'arracher la France des mains de l'ennemi: quelle récompense digne d'elle, donnerez-vous à la vierge sublime ! Vous n'en avez pas, moi je lui ouvre à deux battants la porte du Sénat et j'asseois au-dessus du pair de France, sur un trône d'or, la Jeune fille, la petite villageoise, et sur la frise du dais qui la couronne, j'inscris : Au Sauveur de la patrie.

Cette catégorie du sublime héroïsme sera peu remplie, restât-elle toujours vide, il faut qu'elle soit toujours ouverte.

VI.

Nous abordons maintenant une question de la plus haute importance : qui nommera les Sénateurs ?

Nous avons divisé la pairie en autant de départements

que nous avons trouvé de départements sociaux : mais les cases sont vides, comment les remplir ?

Avant d'aller plus avant, rappelons-nous que le Sénat est pouvoir et que pour être et demeurer pouvoir il doit être entièrement indépendant : que représentant le peuple, il doit sortir de tout le peuple et non d'une partie exclusivement ; que du mode de son élection dépendra son indépendance, que cette élection doit le faire image fidèle de la France savante, intelligente et morale et qu'enfin tout citoyen, à quelque condition qu'il appartienne, de quelques parents qu'il soit issu, a sa place au Sénat, si personnellement il en est digne.

Or où est l'électeur qui a assez de science pour reconnaître le plus savant parmi les plus savants ; assez d'intelligence et de savoir pour discerner ceux qui sont au premier rang dans les lettres, dans les arts, dans l'industrie, etc., une telle perspicacité qu'il puisse distinguer parmi cette foule d'hommes supérieurs les plus honnêtes parmi les plus capables, et enfin un sens droit assez courageux pour dompter cet impitoyable préjugé, qui entache le fils pour le crime du père. Est-ce le suffrage universel qui vous donnera cet électeur ? Hélas ! comment s'y prendraient Grand-Guillot de Champhrouté, mes bons voisins de Saint-Sauveur Givre en mai, mes compatriotes de Bretignole, pour choisir le Lamartine de la poésie, le Châteaubriand de la littérature, le Poussin de la peinture, et parmi les savants, les Cuvier, les Gay-Lussac, les Laplace, etc., comment éliraient-ils les plus illustres parmi les magistrats, les généraux, les industriels, les négociants, les agriculteurs? Ils ne seraient pas même capables d'élire la catégorie des ouvriers.

On a proposé de faire élire le Sénat par les conseillers généraux, eh bien, oui ! en voilà encore de fiers trieurs de savoir, d'habiles cribleurs de talents ! Ceux qui proposent de tels électeurs ne se doutent certainement pas de quels personnages sont peuplés les conseils généraux, voici leur effectif en général : un homme plus ou moins capable y domine : autour de l'astre central quelques satellites font leur révolution : le reste se compose de nullités très-humbles et très-obéissantes servantes du président. Livrez à ce monde l'élection de la pairie, ils ne failliront d'y envoyer leur président ou le fils ou le gendre du président, ou quelqu'un des siens ; avec ce mode d'élection nous aurions pour sénateurs tous les présidents des conseils départementaux et leurs féaux. Est-ce là la représentation de la France savante, artiste et intelligente, est-ce là la représentation des grands intérêts du pays?

D'autres ont pensé à le faire élire partie par le pouvoir exécutif, partie par la seconde Chambre ?

Interposée aux deux pouvoirs pour les modérer, pour les réprimer, pour les accuser, la pairie ne peut remplir cette fonction qu'à la condition d'être parfaitement indépendante, aussi indépendante des deux partis qu'un juge : or, quelle est la première obligation imposée au juge ? C'est qu'il ne soit ni parent, ni allié aux parties, c'est d'être affranchi de tout lien de parenté avec elles : donc la pairie ne doit avoir pour auteur ni le député, ni le président.

4

Issu du Corps législatif, le Sénat ne serait qu'une seconde édition de la Chambre basse.

Le député électeur du Sénat, y porterait ses partisans ou ses amis, la Chambre haute ne représenterait que la majorité du Corps législatif. Elle pourrait être pour celui-ci une compagne, une amie, mais jamais elle ne lui serait un frein.

Nommé par le ministère, le Sénat serait composé des parents, des amis des ministres, puis de leurs créatures, de leurs favoris, etc., il serait la vivante image des ministères passés et présents, mais on n'y trouverait rien qui représentât la haute population de la France : comment exiger qu'un Sénat ainsi composé accuse jamais le ministère ni le chef de l'État ? Il aurait pour eux toute l'indulgence que lui inspirerait sa reconnaissance, mais il ne serait ni leur accusateur, ni un juge sévère de leurs actes.

Supposons qu'il soit nommé moitié par le pouvoir et moitié par la seconde Chambre : vous n'aurez point dans cette hypothèse une Assemblée modératrice ; encore moins aurez-vous une Assemblée modérée, il y aura même conflit entre les deux moitiés du Sénat qu'entre le pouvoir et la Chambre basse, un tel corps ne représentera point la France intelligente, savante et méritante, elle ne représentera que la discorde des pouvoirs.

La constitution de 1875 attribue l'élection des sénateurs aux maires des communes renforcés des conseillers généraux et d'arrondissement.

Dans ce système la commune de 100,000 âmes n'a qu'une voix comme celle de 150 âmes, ce seront donc les communes rurales qui nommeront ce Sénat. Cette Chambre pourra s'appeler le Sénat des ruraux.

Personne plus que moi n'estime le paysan ; je lui accorde de grand cœur la nomination des députés, mais l'élection de la haute Chambre jamais. Ni de lui, ni de l'Administration, ni du Corps législatif, ni des conseils généraux et autres ne peut sortir la représentation de la France savante, propriétaire, commerçante, industrielle, militaire, travailleuse.

A qui donc appartient-il d'élire le Sénat ?

A cette heure je ne reconnais capable de choisir les pairs de la catégorie des sciences, lettres et art que l'Institut et l'Université.

Qui mieux que la magistrature judiciaire et le barreau se connait en juges intègres et instruits, en magistrats du ministère public, éloquents et impartiaux ; en avocats diserts, honnêtes et bons jurisconsultes ?

Des officiers de terre et de mer, des industriels, des agriculteurs, des ouvriers, nous en dirons autant. Qui aussi bien que les individus appartenant à chacun de ces groupes, pourra dire quels sont les meilleurs et les plus capables dans chaque catégorie? Chaque section de la pairie sera donc élue par le département social auquel elle correspond ; les savants par les savants, les juges et le barreau par les juges et le barreau ; les industriels et les commerçants, par les industriels et les commerçants ; les ouvriers par les ouvriers.

Mais après que le Sénat aura été constitué, il ne sera plus nécessaire d'user de ces électeurs pour remplir les vides que la mort y fera, ils ont été convoqués pour donner vie à la pairie parce qu'ils étaient la source naturelle d'où elle devait sortir, et sans contredit la meilleure, mais le Sénat debout, le Sénat vivant, leur fonction électorale a cessé pour toujours, il y a maintenant un électeur incomparablement préférable à l'Institut, à la magistrature à l'armée, à tous les électeurs possibles, cet électeur c'est le Sénat lui-même. Est-ce qu'il ne sera pas le Jury le plus important et le plus éclairé, l'investigateur du mérite et du talent le plus loyal et le plus intéressé ? Où trouveriez-vous autant de lumières, de probité, de passion pour la justice ? qui aurait un dévouement plus grand, une vigilance plus diligente pour l'intérêt et l'honneur du corps ?

Nous posons cette règle comme permanente, invariable, essentielle et indispensable à l'existence, à la durée et à la perfection de l'institution.

« Les pairs de France sont élus par les pairs de France. »

Ou bien « le Sénat élit les Sénateurs. »

VII.

Chaque section sénatoriale aura ses archives à part, et chacune son livre des candidatures ; toutes rechercheront parmi ceux que leurs travaux et leurs talents rattachent à leur catégorie les sujets les plus distingués et les plus méritants. Elles inscriront sur leurs livres les noms de ceux qu'elles auront trouvés dignes de leur choix, et les titres qui les recommandent. C'est parmi les inscrits que seront uniquement pris les candidats que les catégories présenteront au Sénat pour remplir les vides que la mort fera dans ses rangs.

Quel Français ne tiendra à grand honneur d'avoir son nom inscrit au livre des candidatures ? Qui ne sera fier de cette simple inscription ? qui ne préférerait cette marque d'estime d'un groupe sénatorial, à toutes les croix et les rubans que les princes distribuent. Et parce qu'il ne suffira pas de la capacité, ni des services rendus pour mériter l'inscription, mais qu'il y faudra joindre aussi la dignité de la vie, il adviendra que tous ceux qu'un grain d'ambition ou le sentiment de leur valeur personnelle excitera à entrer dans une carrière quelconque, avec l'espoir d'aboutir un jour au Sénat, surveilleront leur vie et en écarteront soigneusement tout acte susceptible d'atténuer leur considération. Cette institution essentiellement moralisatrice, je la recommande à l'attention des Assemblées réformatrices. Si rares sont les organisateurs politiques qui portent à l'amélioration des mœurs et à leur rehaussement, qu'on se doit de ne pas laisser échapper ceux qui jouissent de cette précieuse prérogative, alors qu'un hasard heureux nous les met sous la main.

Voyons maintenant le jeu de cette organisation ; vienne à vaquer une place au Sénat ? La section où s'est fait le vide se rassemble ; elle prend sur ses listes les noms des trois inscrits, qu'elle croit les plus dignes des suffrages de la

haute Assemblée, et les lui présente dans l'ordre alphabé-
tique. Le Sénat admet ou refuse les candidats : supposons qu'il les admette ; il passe à la discussion des titres
de chacun, puis il vote au scrutin secret : la majorité des
suffrages décide lequel des trois est élevé à la dignité de
pair de France.

Nous avons dit que le Sénat reçoit ou rejette les candidatures proposées par les sections : il ne serait pas bon en
effet que le Sénat fût lié par le choix des catégories, — le
choix pourrait être erroné, ou influencé, ou imposé, il est
donc de la plus haute importance que les groupes sénatoriaux sachent que les sujets présentés par eux, peuvent
être repoussés. Cette éventualité humiliante les contraindra
à soigner leur choix et à n'offrir à la haute Assemblée que
des candidats dignes de son choix.

Mais il n'est guère à craindre que les catégories se trom-
pent sur la valeur des candidats : outre qu'elles seront te-
nues en éveil par la menace d'un rejet, elles sont fortement
excitées par leur intérêt, et par amour-propre à porter sur
leurs listes les hommes les plus éminents. Chaque département de la pairie sera avide de gloire, ambitieux de prépondérance ; tenant à honneur de porter haut son drapeau
— chacun recherchera avec une ardeur passionnée, les
sujets susceptibles par les talents, par la gloire acquise, de
jeter sur sa compagnie de l'éclat, et d'en accroître l'autorité
au sein du Sénat. L'orgueil, la rivalité, l'esprit de corps
feront faire aux catégories d'inimaginables efforts pour acquérir les supériorités, les grandes réputations, les gloires

faites. La gloire de l'élu rejaillira sur le groupe qui l'a choisi, et sa capacité souventes fois sera la mesure de la prépondérance de sa section dans le Sénat.

Entre les sept catégories, il y aura rivalité, lutte pour l'autorité, pour l'honneur, on sent bien que le sceptre ne restera pas toujours dans la même région, qu'il passera de l'une à l'autre, à toutes les fois que celle qui primait perdra ceux de ses membres qui faisaient sa force, et que les autres s'approprieront de plus vaillantes recrues. Il suffira de l'entrée dans une section d'un homme de génie ou de grande éloquence, ou de science profonde, pour changer les situations respectives, la rivalité des groupes, la lutte pour la supériorité, répondent de l'ardeur des catégories à rechercher les capacités et de l'excellence du tri qu'elles feront. On peut donc croire que le mécanisme politique fera de la pairie la plus noble image de la France, et l'assemblée la plus intelligente et la plus digne possible. Aucun homme méritant n'en sera absent ; dans quelque obscur recoin qu'il se cache, il en sera tiré par les catégories ; ni l'intrigue, ni l'or, ni le pouvoir ne feront pénétrer dans le Sénat un homme indigne de la pairie ; l'honneur et le talent seront les seuls degrés par où on y pourra monter, la seule porte par où on y pénétrera.

VIII

Ainsi constitué, le Sénat par son mode d'origine et de

recrutement est indépendant du pouvoir exécutif. La chaine qui l'attachait à l'Administration est brisée. Autrefois tenu en laisse par le ministère il était son servant obséquieux. Il le fallait bien puisqu'à toutes les fois que la pairie essayait d'avoir une velléité d'indépendance, une fournée de pairs la ramenait à son humble et habituelle docilité, et lui remémorait cruellement sa dépendance du ministère. Notre Sénat, lui, est libre, il peut délibérer et voter en toute franchise, sans appréhender que ses libres décisions soient punies par une intrusion d'éléments impurs.

De même est rompu le lien de servitude qui attachait la Chambre haute à la seconde Chambre. On se rappelle que celle-ci en 1830 s'étant faite constituante de sa propre autorité, avait conservé la pairie, en lui supprimant l'hérédité; de son omnipotence usurpée, elle avait gardé un orgueilleux ressouvenir, et une sorte de croyance qu'ayant eu le pouvoir d'instituer la Chambre haute elle avait conservé le droit de revenir sur cette restauration et de l'annuler : Elle concédait bien à la pairie d'être un pouvoir subordonné, ayant la liberté de dire « Vous avez raison » elle ne put supporter de l'entendre dire « Vous avez tort » : aussi, lorsqu'emportée par son honnêteté et sa conscience, la pairie avait le courage de n'être pas de l'avis de la Chambre élective avec quelles insolentes clameurs, avec quelles indécentes menaces celle-ci accueillait ces velléités d'indépendance ? Elle ne parlait de rien moins que de jeter la pairie à la porte, de la supprimer. *D'elle on n'avait nul besoin.*

Désormais cette attache serait rompue, représentants de

la démocratie dont elle serait issue comme le **Corps législa**-
tif, quoique par une autre voie, la pairie aurait même
puissance législative, même initiative que les deux autres
pouvoirs, à ce point de vue elle serait leur égale, et par
d'autres côtés, elle leur serait supérieure.

Par respect pour la supériorité du Sénat et pour la
représentation nationale, l'ouverture et la clôture du **par-**
lement ne seront point faites au gré du pouvoir. La loi
fixera le jour de l'ouverture des Chambres, et celles-ci
conviendront ensemble de l'heure de la fermeture de la
session annuelle. Un message des deux assemblées dénoncera au président la suspension, la prorogation, ou la fin
des travaux législatifs.

Une commission permanente nommée par les deux
Chambres les remplacera dans l'intervalle des sessions.
Cette commission pourra, vu l'urgence, convoquer le parlement; de même, en cas de nécessité le président pourra
provoquer la réunion des Chambres.

C'est beaucoup pour le Sénat d'être indépendant par
son origine, mais ce n'est pas assez : pour qu'il puisse
remplir ses fonctions, il faut qu'il ait une puissance suffisante. L'indépendance est sans doute une condition de la
puissance, mais ce n'est pas la puissance : ajoutez-y l'initiative, la modification, le vote des lois et vous aurez encore un Sénat impuissant : pas inutile, puisqu'il a le contrôle
et l'adoption des lois proposées ou adoptées par les autres
pouvoirs, mais sans virtualité comme institution modératrice. Pour qu'il puisse s'opposer à l'antagonisme des pou-

voirs, il faut qu'il possède une puissance plus grande que celle de ses deux collègues sans quoi il ne pourrait les réprimer au moment où ils deviennent dangereux.

Trois prérogatives sont nécessaires pour constituer la prédominance du Sénat : 1° proroger et dissoudre la Chambre ; 2° accuser les ministres et même le chef du pouvoir exécutif ; 3° proclamer la dictature. Par l'attribution au Sénat de ces deux prérogatives, dissolution du Corps législatif, accusation des ministres, l'antagonisme des deux pouvoirs est détruit ; il ne s'élèvera plus entre eux de conflits ; ni le chef de l'État ne songera à élever son despotisme sur l'abolition de la représentation nationale, ni la Chambre à substituer une forme nouvelle de gouvernement à la forme légalement subsistante. Un insurmontable obstacle s'opposera à tous actes prépotents de l'un et de l'autre pouvoir, ils seront forcément maintenus en paix. C'est ainsi que la pairie sera entre eux une barrière infranchissable et trait d'union.

Le troisième privilége, proclamer la dictature, n'est pas moins nécessaire que les deux autres, il complète la puissance salutaire du Sénat.

Supposé par impossible que la démagogie prévale à la Chambre, que l'Assemblée dissoute soit revenue pire que devant, que par des lois subversives elle propose la ruine de la société, ou qu'elle machine la guerre civile. La proclamation de la dictature arrêtera court l'anarchie imminente.

Supposons encore qu'un des partis qui divise la France,

soit introduit par les élections en tel nombre dans la Chambre qu'il y prédomine : supposons, ce qui n'a rien d'invraisemblable, qu'il appelle au trône le prince qu'il affectionne et provoque un coup d'État pour arriver à sa fin. La dictature proclamée au cas où la dissolution serait insuffisante, arrêterait instantanément le mouvement réactionnaire.

Il peut encore arriver qu'un prince ambitieux arrivé par élection à la présidence, tente de transformer son fauteuil en trône ; ou qu'une insurrection quelconque s'empare du gouvernement ; ou qu'une guerre fasse le chef de l'État prisonnier d'une puissance étrangère, et mette le siége du gouvernement aux mains de l'ennemi : dans tous ces cas, il restera à la France une autorité qui veillera à son salut et pourra la tirer de la ruine, si la constitution prescrit au Sénat et fait un devoir sous peine de félonie à tous les sénateurs de se réunir sur un point quelconque du territoire indiqué par le président du Sénat. Là, le Sénat proclamera la dictature, et remettra au dictateur tous les pouvoirs. Cependant il se tiendra en permanence et veillera sur les actes du dictateur, dont il arrêtera l'omnipotence aussitôt qu'elle sera devenue inutile ou dangereuse.

Sous peine d'être déclaré traître à la patrie, tout fonctionnaire, tout homme appartenant à l'armée, tout magistrat, en un mot tous les citoyens, sont tenus de ne reconnaître dans ce grand désarroi d'autre autorité que celle du Sénat et de son mandataire le dictateur.

Le président du Sénat peut être nommé dictateur, de

même que le Président de la République et tout autre citoyen. Le Sénat sera libre d'élire qui il voudra et libre de suspendre, de changer son élu. Le dictateur n'est que l'agent du Sénat qui est et reste seul le vrai dictateur.

Avec le Sénat dictateur, la France même près des catastrophes pires que celles qu'elle a éprouvées, s'il peut y en avoir de pires, conserverait toujours un centre d'autorité, autour duquel elle pourrait grouper les débris de ses forces ; quand bien même nos provinces du Nord seraient envahies, le chef de l'État et les ministres prisonniers, Paris occupé, tout ne serait pas désespéré : tant qu'il resterait à un sénateur une main pour tenir haut le drapeau de la patrie et de la voix pour crier aux armes, la France aurait un chef légitime à suivre pour marcher à la délivrance.

IX

Les prérogatives réclamées pour le Sénat sont énormes, nous en convenons ; mais : 1° Elles sont nécessaires : 2° Elles sont sans danger.

1° Elles sont nécessaires, puisque sans elles jamais vous ne retiendrez les pouvoirs en-deçà des bornes constitutionnelles ; jamais vous n'éteindrez leur antagonisme ; jamais vous n'êtes assurés de garder une autorité légitime, et la forme du gouvernement préféré.

En politique comme en affaires particulières, il faut savoir se plier à la nécessité, savoir la subir, tant éloignée

soit-elle de nos goûts et de nos usages. Et pourquoi ne l'ac-
cepterions-nous pas alors qu'au lieu de choquer le droit, la
raison et l'intérêt national, elle se trouve au contraire
dans une heureuse conformité avec eux.

2° Elles sont sans danger. Qu'en pourrait-on craindre ?
Que la pairie n'abusât de ses privilèges pour accroître encore sa puissance aux dépens des deux autres pouvoirs ?
Crainte chimérique ! Elle n'existe que par eux et pour eux:
en la détruisant ou l'affaiblissant cette puissance elle détruirait
ou affaiblirait le principe de son existence, et sa raison d'être,
mais d'ailleurs quel accroissement de pouvoir pourrait-elle
désirer ? Le législatif? Elle le possède intégralement. L'exécutif ? Elle ne saurait l'exercer, : et ce serait son arrêt de
mort que de le lui attribuer. Quatre assemblées ont eu chez
nous tous les pouvoirs réunis entre leurs mains, pas une,
non, pas même la Convention, n'a eu la pensée de le garder. Ici le despotisme d'un seul ne durerait pas, et l'on ap-
préhenderait un despotisme à quatre cents têtes ?

Craindrait-on que profitant de la dictature elle ne chan-
geât la constitution ? Mais la dictature n'est pas une constituante : c'est la suspension de toutes les lois et leur
remplacement par l'arbitraire ; tout ce qui se fera de lois,
de règlements pendant la dictature, disparaîtra avec elle.

N'ayez peur aussi que la pairie abuse de la dissolution,
et de l'accusation. Les ministres accusés à tort, seraient
acquittés, échec honteux pour le Sénat ! La dissolution
imméritée ramènerait à la Chambre les mêmes députés
animés de sentiments de plus en plus hostiles ; à être

inique et imprudente. la pairie n'aurait rien à gagner ; elle aurait beaucoup à perdre. Elle a trop de sagesse. de prudence et d'habileté pour commettre des pareilles fautes. Non, non, il n'y a pas à redouter qu'elle mésuse de ses priviléges ; elle n'aura d'autre ambition, d'autre souci que de maintenir la paix entre les pouvoirs, que d'en prévenir les luttes et les convoitises effrénées, que de travailler à la gloire et à la prospérité de la France. Elle y mettra son honneur, sa gloire, comme elle y a déjà son intérêt — elle n'ignore pas, l'histoire le crie assez haut, que la ruine de notre organisation ferait sa ruine — tous ses efforts tendront donc à la conserver.

D'ailleurs faut-il l'avouer ? Ces formidables prérogatives sont des armes destinées à meubler l'arsenal constitutionnel plutôt qu'à armer le Sénat. Jamais, sauf la dictature en cas d'effondrement peut-être, elles n'en franchiront le seuil — il suffit qu'elles existent pour produire toute leur efficacité, et jouir de tout leur prestige : l'Exécutif qui sait qu'il a devant lui un abime, n'ira pas follement s'y jeter tête baissée ; la Chambre, une barrière qu'on ne peut franchir, ne viendra pas stupidement s'y heurter : quant à la dictature il n'y aurait que des catastrophes affreuses qui pourraient l'exiger. Espérons que la nation et le gouvernement seront assez sages pour les détourner de nous.

Mais quoi qu'inemployés ces puissants engins n'en auront pas moins une vertu répressive et contentive très-agissante ; ils arrêteront les mauvais desseins, les convoitises, en emplissant d'une terreur salutaire les pouvoirs au-dessus desquels ils pendront toujours menaçants; ils pourraient, c'est assez pour prévenir et contenir.

X.

Il est possible de faire disparaître par l'exil et l'incarcération, d'anéantir par l'assassinat et les exécutions juridiques une Assemblée composée d'un petit nombre : il est facile de la corrompre ou de la frapper de terreur — le Sénat sera d'autant plus exposé à subir ces périlleuses éventualités, qu'il aura moins de membres : pour le mettre à l'abri de ces éventualités, nous croyonsque le nombre des Sénateurs doit être porté au moins à trois cents, ce qui donnerait en moyenne pour chacun des départements sénatoriaux 43 pairs — on pourrait proportionner le nombre accordé à chaque catégorie, selon son importance morale, politique et numérique.

Ce chiffre de trois cents, nous croyons qu'il serait plus avantageux de l'élever que de l'amoindrir, le nombre est une puissance par lui-même, et une puissance aussi par ses relations, par ses attaches sociales.

Ces trois cents pairs sortis de tous les rangs, relieront à la pairie la nation tout entière par les sections auxquelles ils appartiennent. Chaque région de la société suivra avec affection, avec passion, sa catégorie ; elle prendra part à ses succès, à ses revers, à toutes ses évolutions : elle la soutiendra, la défendra, la glorifiera dans la population, comme sa famille propre, on connaîtra les noms des sénateurs, mieux que ceux de ses parents du quatrième degré.

Mais le Sénat exercera encore une influence plus grande sur les départements sociaux, par son livre de candidature. Quelles aspirations ce livre suscitera dans la société tout entière ! quelles nobles ambitions dans tous les rangs ! que d'efforts pour développer l'intelligence, agrandir la science, fortifier le talent ! Comme on se gardera de vices dégradants ; comme on évitera les voies boueuses, afin de mériter l'inscription, ou pour éviter d'être rayé après avoir été inscrit ; partout on tendra vers ce noble but. C'est surtout dans les classes infimes que l'énergie de l'effort sera le plus opiniâtre, plus haut, plus loin est le prix, plus pour l'atteindre on déploie de force, plus âpre est l'émulation. Or, il est évident que la pairie sera d'un plus grand prix pour l'ouvrier ou pour le fils du manœuvre, que pour le ministre ou le fils de député. le livre des candidatures sera pour la Société toute entière une puissante cause de moralisation.

Le Sénat composé de trois cents citoyens puisés à tous les étages de la Société, incessamment recrutés dans la population, deviendrait cher à cette nation démocratique : en peu d'années cette salutaire institution y aurait enfoncé de profondes et fortes racines : songez qu'il n'est pas de catégorie où le plus pauvre, le plus infime ne puisse parvenir par le mérite ; songez que les portes qui lui en sont ouvertes, en seraient closes aux grands noms, à la vaste opulence qui n'auraient d'autres titres à présenter que l'illustration de la naissance, ou le grand nombre de millions; songez qu'après un demi-siècle, il n'y aura pas un canton de la France qui n'aurait eu au Sénat quelques-uns de ses habitants; pas une famille qui de près ou de loin ne tînt par parenté ou alliance à un pair de France. C'est par là surtout que cette grande institution deviendrait populaire.

Toutes les familles aimeront à se bercer de l'idée que quelques-uns de ces enfants qu'elles élèvent avec tant de soin, et entourent de tant d'amour parviendront un jour à la pairie, puisqu'il suffit pour la gagner de s'illustrer dans une carrière quelconque, et de l'intégrité de la vie. Du moment que ni l'intrigue, ni l'or, ni la faveur, ni la naissance n'ouvriraient l'entrée au Sénat, que le déshonneur de la famille ne serait pas même un obstacle pour le fils libre et honoré, que le mérite en serait le seul degré pour y monter, l'espérance gagnerait tous les cœurs populaires. A l'enfant qui par des indices précoces annoncerait de la capacité, on donnerait une culture attentive et soignée, en même temps qu'on lui verserait à flots l'instruction, on l'imprégnerait des sentiments d'une haute moralité. Ce dicton courrait les familles: « faisons l'enfant capable et honnête pour qu'il ne soit pas empêché de devenir pair de France » L'éducation de l'âme aujourd'hui si négligée serait poursuivie avec autant de soin que celle de l'intelligence : oui, le peuple aimerait ce Sénat, il l'aimerait avec passion et cet amour apporterait à la pairie plus de puissance que tous les priviléges, dont nous l'avons dotée, que toutes les immunités qu'on pourrait lui concéder. L'attachement du peuple est un rempart plus fort que toutes les rubriques constitutionnelles, fussent-elles proclamées sacrées.

L'autorité morale de cette assemblée deviendrait immense, elle n'aurait pas fonctionné un demi-siècle que déjà elle aurait acquis sur le pays un empire comparable à celui que le Sénat exerçait sur Rome avec cette différence que notre Sénat serait autant populaire que l'autre était odieux. Celui-ci, qui était l'aristocratie, exploitait, torturait, écrasait la plèbe, le nôtre qui serait le peuple en personne, élevé à la puissance dans la partie de lui-même la meilleure, serait la providence de la nation, son guide éclairé et le tuteur né du petit et du faible.

Une chose entre beaucoup d'autres a manqué à tous nos Sénats, du premier au dernier, c'est d'avoir leur racine dans le peuple, le nôtre au contraire sort du peuple, se recrute dans le peuple, et par ce mode d'élection est garanti contre les adultérations du pouvoir, et n'est pas exposé aux débilitations et aux extravagances électorales du suffrage universel.

Notre Sénat pourrait avoir par réfléchissement une salutaire influence sur l'autre Chambre. Supposons que la machine politique reste ce qu'elle est, c'est-à-dire qu'elle se compose de deux pouvoirs antagonistes flanqués d'un Sénat énervé, vous verrez comme aux États-Unis et plus rapidement peut-être, baisser, à chaque renouvellement de la Chambre, le niveau moral de la représentation nationale. De plus en plus les talents et la modération repoussés, l'intégrité et la capacité délaissées y seront remplacés par des intrigants corrupteurs, et des charlatans politiques ; à chaque élection générale elle baissera d'un cran et prendra de plus en plus la physionomie d'un club de Belleville.

Supposez au contraire notre Sénat constitué, nos sénateurs aimés et respectés du populaire, dominant de leurs gains figures la société tout entière, maîtrisant les deux pouvoirs par la sagesse et la modération, plutôt que par leurs prérogatives, ne pensez-vous pas que le suffrage universel en contemplant cette vénérable assemblée, se prendra de l'envie de l'imiter, et de lutter avec elle de talents, d'éloquence, d'honneur et de patriotisme ? Si cela arrivait, comme je suis enclin à le croire, car les bons exemples ont aussi leur contagion, le suffrage universel choisirait pour députés, non plus les énergumènes de la démagogie, non plus les braillards de carrefours, mais des hommes de sagesse et de savoir, dignes de collaborer avec le Sénat pour la grandeur et la prospérité de la commune patrie.

IV

LE SUFFRAGE UNIVERSEL

———

I.

Le suffrage universel est une conséquence forcée de la souveraineté du pays, Partout où ce dogme politique sera admis, le suffrage universel en sortira nécessairement.

Le peuple qui est arrivé par son développement social à posséder la souveraineté, ne se la laissera plus ravir. S'il la perd, il luttera jusqu'à ce qu'il l'ait reconquise.

Aucune force humaine n'arrachera le suffrage universel du sol où il a été implanté, il y pourrait être étouffé par le despotisme, mais le succès ne durerait pas : le phénix ne tarderait guère à renaître.

On ne peut pas plus restreindre le suffrage universel que l'abolir, la barrière élevée entre le populaire votant et le populaire non votant, serait assaillie des deux côtés jusqu'à ce qu'elle fût abattue. De toutes les restrictions, la seule que l'on puisse un jour obtenir, c'est l'obligation imposée à l'électeur d'écrire son vote : et encore ?...

Le peuple qui a le suffrage universel ne se le laissera point ravir : celui qui ne l'a pas encore un jour le revendiquera ; il est la loi de la France, il sera dans un siècle la loi de tous les peuples. Toutes les nations convergent vers lui, et celles qui ont le suffrage restreint ou censitaire, et celles qui n'en possèdent d'aucune sorte, même celles qui enfermées dans les langes de l'enfance politique, n'ont encore senti aucun désir d'émancipation, ces dernières, à leur insu, d'instinct, vont à lui comme l'hirondelle née au printemps vole en automne vers les pays du soleil qu'elle n'a jamais vus.

L'Angleterre a fait un grand pas vers le suffrage universel : encore quelques-uns, elle y sera en plein. L'Espagne l'a atteint, l'Italie y arrive, l'Allemagne s'y achemine à grandes enjambées ; on en parle dans les pays de l'Islam ; on y songe en Chine, au Japon, dans les contrées bramaniques, comme dans les pays boudhistes, *a fortiori* dans l'empire du Tzar.

On peut donc poser cette loi comme générale : « le « suffrage universel sera : « un jour la loi de tous les « peuples, » et cette autre loi comme immuable: « le suf-« frage universel institué ne peut être ni aboli, ni res-« treint. »

Si donc cette institution porte en ses flancs des orages, ne cherchez point à vous en préserver par la suppression, ou par des restrictions; vos tentatives n'aboutiraient qu'à vous faire foudroyer.

II.

Jusqu'à ce jour, la Chambre issue du suffrage universel n'a été composée que de députés nommés par les majorités. Les minorités n'ont jamais été représentées, et pourtant les minorités peuvent s'élever jusqu'à égaler les majorités moins un.

Pourquoi la minorité n'a-t-elle pas ses mandataires ? Pour être la minorité, a-t-elle perdu ses droits? N'est-elle pas le peuple aussi bien que la majorité ? N'est-elle pas le souverain comme elle ? Sous quels prétextes l'a-t-on bannie du Conseil de la nation ? Elle a proportionnellement autant que la majorité le droit d'y être représentée ? Et toute assemblée représentative d'où elle est absente, doit être tenue pour tronquée.

Que par inscience, irréflexion, on ait omis jusqu'à présent de satisfaire aux droits des minorités, on le comprend : aujourd'hui qu'ils sont reconnus incontestables par les meilleurs esprits, on ne peut pas leur refuser la participation à la représentation , la persistance à les en exclure serait considérée comme un acte tyrannique de la majorité.

On peut donner satisfaction aux droits des minorités en groupant par trois les arrondissements électoraux, et

donnant trois voix à chaque électeur avec faculté de les porter toutes trois sur le même candidat, par ce procédé, bien
connu, et déjà mis en pratique, la minorité, si elle est
unanime est assurée d'être représentée à toutes fois qu'elle
sera du quart. En effet, soit 100,000 la totalité des électeurs de la triple circonscription, 75,000 la quotité des
électeurs de la majorité, et 25,000 le chiffre de la minorité : des 300,000 suffrages, 75,000 appartiendront à la
minorité. — Si celle-ci concentre tous ses votes sur un seul
nom, ce candidat sera nommé, pour qu'il ne le fût pas et
que le scrutin fût nul, il faudrait que la majorité donnât
à chacun de ses trois candidats 75,000 voix, que pas un
de ses électeurs ne fît défaut, et que tous écrivissent les
mêmes noms sur les trois bulletins, supposition absurde.
Évidemment, dans l'hypothèse présentée, une telle minorité
bien unie est toujours sûre d'envoyer un représentant à la
Chambre.

Avec le suffrage universel et la loi électorale actuelle,
vous, conservateurs, qui formez dans la Chambre une impo-
sante majorité, vous n'êtes pas sûrs d'être les plus nombreux
dans la Chambre prochaine : en outre, vous devez vous attendre à voir de temps en temps l'opposition devenir majorité;
or, dans ce cas qui arrivera infailliblement si les conservateurs ne sont pas appuyés par la loi protectrice des minorités, bien peu parmi les chefs de ce parti seront élus,
Sans la garantie de cette loi salutaire, êtes-vous sûrs d'a-
voir dans la prochaine assemblée même une minorité respectable ?

Ainsi composé de députés de la majorité et de la minorité électorale, le Corps législatif sera l'image vraie et complète du suffrage universel — tandis que formé des seuls élus de la majorité, il n'en est qu'une figure mutilée — mais pour avoir la représentation entière de la France, il resterait encore un grand pas à faire, un large fossé à franchir ; il resterait à satisfaire aux droits de la capacité, de l'intelligence, du mérite et des grands intérêts.

III.

Partout où le suffrage universel s'établit, il est réputé absolu — je veux dire qu'on le considère comme souverain et comme la source de toute souveraineté. Voyons quelles sont les conséquences de ce dogme de la souveraineté du nombre ? C'est par l'expérience qu'on résout les problèmes de chimie et de physique : on peut avec le même succès appliquer l'expérience à la politique.

A Neufchâtel, que régit le suffrage universel, toute supériorité intellectuelle, morale, savante, industrielle ou opulente, a été, m'a-t-on dit, expulsée par le peuple des fonctions publiques.

Aux États-Unis, où le niveau de l'instruction générale est beaucoup plus élevé qu'ici, où la richesse populaire domine de bien haut notre déplorable paupérisme, le suffrage universel montre la même haine des supériorités.

Dans la Grande-Bretagne où tout annonce son avénement prochain, voici les prétentions que sans déguisement il affiche dans les discours des précurseurs. Attendre que l'abaissement du cens électoral donne à l'association ouvrière la majorité dans les élections : ce fait accompli, la Chambre des communes devient la Chambre des ouvriers : ils y seront maîtres, ils y feront la loi : or, la loi annoncée d'avance c'est la confiscation de la richesse mobilière et immobilière : ils s'en vantent ; ils proclament cette révolution comme sûre et certaine.

Cette Albion, vierge des tempêtes contemporaines, sur laquelle l'ouragan du bouleversement moderne n'a pas encore passé, cette terre détenue depuis des siècles dans les terres féodales, où tout est à refaire, serait donc destinée à subir la plus immense des subversions ! La révolution s'y ferait pacifiquement, sous l'apparence de la plus stricte légalité, et par un acte de la plus violente et de la plus audacieuse tyrannie. Le chef des associations ouvrières, président de la Chambre fera un signe : à l'instant même, fabriques, métiers, industries, mines, fervoies, tout ce qui se meut, tout ce qui s'agite pour le travail et pour la vie sur la terre anglaise, s'arrêtera comme frappé d'immobilité, par un coup de baguette magique. — Un jour, un seul jour de cette suspension de la vie, et l'Angleterre aux abois, expirante consentira, pour vivre, à passer sous les fourches caudines de l'ouvrier.

Bien aveugles seraient ceux qui croiraient qu'en France le suffrage universel ne rêve pas de pareils rêves ! Nous qui sommes à peine échappés des horreurs de la Commune, avons-nous besoin d'alléguer des preuves? N'est-ce pas hier que des hordes de sauvages avaient médité, préparé, exécuté autant qu'il était en eux l'incendie de Paris tout entier, comme prélude de celui des provinces! Tous ces trésors que la science et les arts, que la prévoyance continue des ancêtres avaient recueillis, accumulés avec tant d'a-mour, durant des siècles, dans la capitale de la France; toutes ces richesses uniques au monde, patrimoine de l'humanité autant que le nôtre, ils ont tenté de les anéantir d'un seul coup, procédant à l'avénement des couches nouvelles, par la ruine et l'égorgement de la bourgeoisie et par l'anéantissement de la science qui en fait la force.

Ceux qui croiraient que la défaite de la Commune a corrigé ses partisans, seraient dans une grande erreur. Lisez leurs journaux, écoutez les discours de ses féaux d'ici et des féaux exilés parmi les nations, et vous verrez qu'ils ont toujours les mêmes idées, les mêmes projets sanguinaires et incendiaires, ce sont toujours les mêmes hommes : tels vous les avez vus dans ces journées néfastes de 1871, tels ils sont, et tels vous les verriez encore s'ils avaient en main quelque bribe du pouvoir ; ils ont des motifs pour user du pétrole, des raisons pour l'assassinat des ôtages ; des imprécations pour les scélérats de Versaillais, des pitiés tendres pour les 20,000 brigands que les réactionnaires ont transportés en Polynésie. Savez-vous ce que veut dire pour eux le mot *amnistie* qu'ils vocifèrent en toutes circonstances? Il veut dire ceci : « rendez-nous ces 20,000 auxiliaires, les meil-« leurs de nous ; nous en avons besoin pour renforcer nos

« bandes : lorsque nous donnerons à la société européenne
« son dernier et suprême assaut. »

Et quand ils demandent une Chambre unique, quelle est
leur visée ? S'emparer un jour du pouvoir législatif: alors tout
leur serait facile, et tout ce qu'ils feraient serait légitime. Ce
qu'ils ont vainement tenté par la force, par conspiration,
par guerre civile, ils le feraient sans effort, législativement :
législativement ils aboliraient la famille et la propriété,
législativement ils brûleraient palais, maisons, toute habitation mieux valant qu'une chaumière ; législativement ils
supprimeraient par la guillotine les classes supérieures, législativement ils réduiraient ce qui resterait de Français à un
esclavage pire que celui du nègre, «nous demandons la li-
« berté pour détruire ce qui existe; et quand nous aurons
« tout renversé, nous réédifierons la société : mais dans
« l'association nouvelle il n'y aura ni liberté de la
« presse, ni liberté du théâtre, ni liberté religieuse, ni liberté
« individuelle », paroles que nous avons de nos oreilles
ouï sortir de la bouche de Louis Blanc en 1842.

Sans doute, le gouvernement impérial a échappé aux
conséquences du suffrage universel, mais comment ? En le
muselant, en l'abrutissant, en le terrorisant : tellement il
l'avait abêti, qu'il suffisait d'un garde champêtre pour
mener au scrutin le troupeau électoral. Cet asservissement
ne pouvait pas avoir une durée perpétuelle : le jour devait se lever qui en verrait briser les entraves, il est
en effet arrivé; à cette heure le coursier fougueux n'a
plus de mors ; dorénavant sa bouche ne souffrira plus de

frein, son dos plus de dompteur ; le voilà libre, il s'aban-
donnera à tous les écarts, gardez-vous d'en douter.

On a proposé de l'entraver : essayez-y, si vous l'osez.
L'exemple de M. Thiers est là pour dégoûter à jamais de
l'entreprendre. Non, il ne supportera aucune restriction ;
il a été créé universel, il est de son essence d'être universel,
il restera universel.

Voilà donc ce qu'apprend l'expérience : partout où le
suffrage universel existe, il expulse des fonctions publiques
toutes les supériorités, là où il n'est qu'aspirant, il proclame les mêmes tendances, là où il n'a pas produit ses conséquences, il a été gêné dans son évolution par
une force supérieure, aujourd'hui qu'il est libre il les
donnera toutes, soyez-en certain ; voyons quelles sont ces
conséquences.

<h2 style="text-align:center">IV.</h2>

S'il est une loi certaine en politique c'est celle-ci : « le
« pouvoir finit toujours, après des oscillations plus ou
« moins nombreuses, par passer à la majorité électorale. »
Or dans le suffrage universel de quoi se compose la majorité électorale? Des plus pauvres et des plus ignorants.
C'est donc entre les mains de ces deux sortes de citoyens
que prochainement en notre pays tombera le pouvoir.
Deuxième conséquence de la souveraineté du nombre.

De la chute du pouvoir dans les régions sociales inférieures, qu'adviendra-t-il?

La masse de la population française se divise en deux groupes distincts peu sympathiques l'un à l'autre : les ouvriers et les paysans.

Ignorants et dissipateurs, en proie à une misère moins causée par le manque de travail et l'exiguité des salaires que par ses propres vices, l'ouvrier devient facilement un adepte du socialisme qui lui promet l'allégement de toute les charges de la vie, la diminution du travail, l'alimentation à bon marché, des assurances contre tous les maux, la participation à toutes les jouissances, et finalement le reflux de la richesse jusqu'au foyer de son pauvre logement par la confiscation de toutes les propriétés : l'imbécile attiré par ces fallacieuses promesses croit qu'il deviendra riche, quand tous auront été faits pauvres.

Tous les députés nommés par cette sorte d'électeurs seront radicaux et très-voisins des communards, s'ils ne le sont eux-mêmes. Des prochaines élections il en peut surgir un grand nombre, fasse Dieu que le nombre ne soit pas majorité !

Bien différent est l'habitant des champs — en beaucoup de provinces, il possède la terre — partout il a la passion de la propriété, l'amour de l'ordre, le culte de la famille, il est économe, travailleur, religieux et monarchiste. Par le nombre, la population rurale dépasse cinq ou six fois la population urbaine, là est le salut, mais aussi là il y a des dangers de plusieurs sortes.

Le paysan est monarchiste, c'est vrai, mais de quelle sorte ? est-il légitimiste, orléaniste ? Non — il est bonaparliste. S'il y a quelques royalistes dans l'ouest et le midi,ils y sont clair semés : partout l'impérialiste domine . Je le dis avec douleur, pourtant il faut le dire puisque c'est la vérité, ne demandez jamais au peuple quelle sorte de régime il désire, il vous répondrait : «l'Empire.» Ni Sédan, ni Metz, ni la perte de l'Alsace et de la Lorraine, ni les milliards à nous extorqués, ni les milliards gaspillés n'ont éteint dans son cœur la passion Napoléonienne : la honte de la défaite, les ruines accumulées sur le territoire par la guerre étrangère, les horreurs et les désordres de la guerre civile, tous ces enfants tombés sous le fer ennemi, ou sous les balles fratricides que pleurent nos familles dans le silence du foyer domestique, rien, non rien n'a atténué l'énergie de la passion napoléonienne. Néanmoins, quel que soit son amour de l'Empire le paysan ne se coalisera pas en vue d'envoyer à la Chambre des députés napoléoniens, il votera le plus souvent pour celui des candidats qui aura sa confiance. Sans égard pour son opinion politique, la campagne aurait été plus à redouter si l'on eût voté au scrutin de liste.

Le suffrage universel peut donc donner le pouvoir aux Socialistes et aux Bonapartistes, et supposé que la France échappe à cette double éventualité, il en est une troisième non moins dangereuse qui, elle, est inévitable, l'avénement des classes pauvres et ignorantes, ou si mieux vous aimez des nouvelles couches sociales au gouvernement du pays.

Voilà les trois routes par lesquelles le suffrage universel nous mène fatalement à l'abîme. A tout prix il faut soustraire notre malheureuse patrie à ces nouveaux malheurs : le pouvons-nous sans mutiler le suffrage universel, sans le borner, sans toucher à ce *noli me tangere ?*

Oui, nous le pouvons : oui, nous pouvons arrêter le pouvoir sur la pente qui l'entraîne en bas ; nous pouvons le remonter et le fixer en des mains habiles et fortes qui ne le laisseront ni échapper, ni ravir, nous le pouvons au moyen d'un Sénat dominateur. Par l'interventoin de ce corps nous conserverons le suffrage universel intact et nous l'aurons inoffensif et impérilleux.

Il n'est que deux moyens d'échapper aux gouffres qu'il creuse sous nos pas : le supprimer ou le dominer, le supprimer est impossible.

C'est d'ailleurs contre le droit et la raison : le dominer nous le pouvons en instituant un Sénat viril à la place du Sénat débile, fils informe de l'Assemblée nationale.

S'il en est ainsi c'est un devoir, le plus sacré des devoirs, pour les représentants de la France d'élever cette digue immuable contre laquelle viendront se briser les projets subversifs, et les utopies socialistes, et bonapartistes.

IV.

Oui il est juste, oui, il est aujourd'hui nécessaire de reconnaître à chaque citoyen le droit de souveraineté, de lui en laisser le libre exercice, et de le proclamer inviolable ; mais il est absurde d'admettre que la souveraineté du nombre soit absolue, et qu'elle soit la source de tous les pouvoirs.

Il est une souveraineté supérieure à celle du nombre, c'est la souveraineté de la raison : le nombre c'est la force brutale, la passion furieuse et bestiale, l'ignorance aveugle. La raison, c'est la vérité, le droit, la justice ; la raison n'est sujette ni aux emportements, ni aux défaillances, ni aux égarements. Si elle avait pris corps, c'est elle que d'une voix unanime nous appellerions au gouvernement de l'humanité ; et nul doute que le suffrage universel lui-même, n'acceptât d'être conduit par cette divine lumière qui éclaire tout homme venant au monde. Par malheur la raison n'étant qu'un être idéal, il faut renoncer à l'avoir pour suprême directeur, à son défaut, nous avons sa personnification qui peut la suppléer. Je veux dire les hommes en qui elle est incarnée au plus haut degré, les sages, les savants, les intelligences d'élite où elle rayonne de sa plus pure et plus vive lumière. C'est à eux comme à la raison elle-même qu'appartient de droit la souveraineté, et cette suprême autorité qui doit dominer la brutale autorité du nombre et de la force. Je ne dis pas qu'ils doivent s'en emparer de haute lutte, je dis que c'est à nous d'en remettre le dépôt entre leurs mains.

Où trouver les représentants de la raison ? Où sont-ils ? Ils sont partout : à tous les étages de la société, en tous les rangs, en toutes les conditions. Cherchez, vous trouverez ; et quand vous les aurez trouvés et réunis en un corps souverain, soyez-en certains, vous aurez remis le pouvoir à qui il appartient de droit naturel et de droit divin.

Et ce que vous aurez fait, dans tous les temps on a cherché à le pratiquer, dès que les nations ont eu pris forme, elles ont senti l'importance de confier la direction de la chose publique aux meilleurs parmi les plus habiles et les plus intelligents, c'est-à-dire aux représentants les plus vrais de la raison, et l'on a créé des institutions pour dégager de la gangue populaire cette élite d'esprits supérieurs et en former des corps auxquels on confiait le gouvernement de la nation. Dans les républiques grecques, à Athènes à Rome ce sont ces grandes assemblées qui régissaient l'État. La Chine despotique est administrée par le corps des lettrés, vaste hiérarchie qui embrasse dans son immense amplitude toutes les capacités de l'Empire. La pairie anglaise en ouvrant ses portes à toutes les hautes illustrations savantes, judiciaires, administratives et militaires se fortifie à son grand profit et au profit de l'État des hommes en qui la raison brille du plus vif éclat. Mais le suffrage universel lui-même, qu'est-il dans l'esprit de ses fondateurs et de ses partisans honnêtes, sinon une instrumentation qui vise à faire porter au pouvoir par le droit populaire, les meilleurs et les plus capables, et qui manque presque toujours le but.

Tous ces essais quelques résultats qu'ils aient, montrent que partout, en tous temps, on a eu l'intention, la volonté de remettre le pouvoir à la raison en le confiant à ses meilleurs représentants.

Eh bien ! ce qu'on a essayé de faire, nous, en esquissant le plan d'un Sénat dominateur, nous avons montré qu'on y pouvait et comment on y pouvait parvenir.

V.

Résumons-nous :

Ne touchez pas au suffrage universel.

Dominez-le par le Sénat.

C'est le seul moyen que vous ayez d'enrayer le train qui sur les rails populaires nous mène fatalement à l'un des trois gouffres que j'ai signalés.

V

DU POUVOIR EXÉCUTIF

Au chef de l'État, comme au Sénat, comme à la Chambre appartiennent l'initiative des lois et le droit de **rejeter,** d'approuver les lois adoptées par les deux autres pouvoirs.

Le président de la République promulgue les lois et les fait exécuter — seul, il régit l'armée, la flotte, les finances, l'administration, seul il nomme les juges et le ministère public.

Le chef du pouvoir exécutif a donc dans ses mains toutes les forces vives de la nation, tous ses trésors, toute sa puissance ; il a toute l'action et tous les moyens d'action. Y a-t-il à s'étonner que possédant tant de puissance, pour peu qu'il soit maîtrisé par l'ambition, il veuille l'accroître encore ? il veuille se débarrasser de tout frein, gouverner sans partage et sans contrôle, élever son pouvoir jusqu'à l'absolutisme? Non. Il est de la nature de l'homme dominé par la passion de ne point réprimer ses désirs, il ne s'arrêtera pas là : son pouvoir temporaire, il le voudra viager ; viager, héréditaire ; sans la mort il le voudrait éternel.

Pour que ses velléités ambitieuses avortent aussitôt que nées, il faut qu'elles se heurtent à l'impossibilité de réussir, ou qu'il soit Washington, Thiers, Mac-Mahon. Jusqu'à ce jour les bornes restrictives plantées autour du pouvoir ne l'ont point arrêté. S'il les a respectées, c'est qu'il lui agréait de le faire, quand il a voulu les franchir, il l'a toujours fait et le plus souvent avec impunité.

Exemples : le Directoire, Bonaparte au 18 brumaire, en 1802, en 1804.

Tant que cela lui a convenu, Charles X a été fidèle à la charte, le jour où il lui a plu de la violer, il l'a fait.

Pourquoi Louis-Philippe n'en a-t-il pas fait autant? Il le pouvait avec autant de facilité que son prédécesseur. Qui l'a retenu? L'intérêt? C'est possible. La foi jurée ? Peut-être encore. Mais cette dernière barrière n'arrête que ceux qui ne veulent pas sauter par-dessus. La religion du serment qui n'avait point retenu Charles X. a-t-elle arrêté le président de la République de 48 ? Brutalement il a mis la République à la porte, jeté les députés dans les cachots de Mazas, assis l'Empire despotique sur les débris de 48. C'est le sort réservé à toute démocratie qui ne se rempare pas contre les entreprises usurpatrices du pouvoir exécutif.

Le régime parlementaire qui a entrevu ce danger, a essayé de le prévenir en instituant la responsabilité des ministres.

et l'obligation pour la Couronne de prendre les ministres dans la majorité de la Chambre. Le chef de l'État ne pouvant rien sans les ministres et les ministres étant imposés par la majorité, c'est en réalité celle-ci qui gouverne, et le chef de l'État, président ou roi, n'est plus qu'un roi de parade.

Mais même avec cette rubrique constitutionnelle, on n'est point assuré d'avoir chargé le pouvoir d'une chaine inbrisable. Parmi les princes réduits à cette servitude, il en est qui la subiront sans regimber : mais il en est d'autres qui briseront le joug de leurs propres mains, ou qui s'ils ne l'osent, trouveront toujours un Polignac, un Saint-Arnaud qui se chargera de la besogne révolutionnaire.

Les bandelettes constitutionnelles dont le régime parlementaire enveloppe son roi comme une momie ne tiennent lié que celui qui ne veut pas les rompre.

Les républicains croient se garantir du danger en faisant le Président électif et lui déléguant le pouvoir pour un temps fort court. Mais durant la période de sa puissance, pour brève qu'elle soit, qui l'empêchera d'en abuser pour la modifier, pour l'étendre, pour la faire viagère, héréditaire ? Bonaparte se fit consul triennal, consul décennal, empereur — Louis-Napoléon, élu président pour trois ans, se fit donner successivement la présidence décennale, l'Empire et le pouvoir absolu héréditaire.

Vous aurez beau écrire dans vos chartes que les ministres et les présidents prévaricateurs seront mis en accusation, cette clause ne servira pas plus en 1881 qu'en l'an VIII et en l'an 1851. Un gouvernement renversé n'a pas un seul partisan qui ose se faire l'accusateur du gouvernement triomphant; et devant les juges les coupables sont les vaincus.

Non, ni les rubriques du régime parlementaire, ni les prétentions de la république ne sont capables de contenir rois ou présidents, dans les limites constitutionnelles; non ce n'est pas en déplaçant le pouvoir comme font les parlementaires, ou en le restreignant dans son ampleur et sa durée comme font les républicains que vous le retiendrez sur la pente de l'abus et de l'usurpation. Par toutes ces subtiles inventions, l'histoire le prouve, vous n'obviez à rien. D'ailleurs, au lieu de gêner le pouvoir il faut lui donner ses coudées franches, accroître son autorité pour accroître sa force, assurer son action et augmenter son prestige. Le respect de la loi sera d'autant plus grand que le bras qui la maintient a plus de vigueur et de fermeté.

Quelle mesure préventive la Constitution de 1875 a-t-elle prise contre l'ambition et les actes d'usurpation des présidents de la République? Aucune. Et pendant qu'elle se montre si confiante dans le chef du pouvoir exécutif, elle accuse une défiance très-grande de la Chambre des députés. Elle arme le Sénat conjointement avec le président du droit de la dissoudre. Quelle inconséquence! Prendre des précautions contre la représentation nationale, et ne pas se prémunir contre les abus possibles du pouvoir exécutif! Combien y a-t-il donc eu d'Assemblées qui ont renversé la Constitution? Une seule, la Législative: et combien y a-t-il eu de chefs du pouvoir violateurs de la loi fondamentale?

Comptez sur vos doigts : Directoire, Bonaparte général, Bonaparte consul, Bonaparte empereur ; Charles X, Louis-Napoléon. Oui, sans doute, il y a danger du côté de la Chambre, issue du suffrage universel, et l'on a bien fait de s'en garantir ; mais du côté du pouvoir, le péril est cent fois pire.

Parce que M. Thiers a quitté la présidence sans se faire prier, parce que le président est la loyauté personnifiée, il semblerait que tous les futurs présidents seront tous des Washington, des Mac-Mahon. C'est une étrange illusion : et l'on peut prédire sans être prophète et sans crainte de se tromper que si l'on ne modifie pas ce point de la constitution, c'est par là qu'elle périra.

Il est un moyen certain, infaillible de prévenir les entreprises usurpatrices du chef de l'État, en lui laissant entière toute la liberté d'action gouvernementale, ce moyen c'est un Sénat dominateur ; un Sénat ayant mission de surveiller les allures du Président, le devoir de prévenir ses machinations, et le pouvoir d'en arrêter immédiatement les conséquences. Avec une telle institution, vous n'aurez jamais rien à craindre du chef de l'État : fût-il le héros des guerres d'Italie et le conquérant de l'Egypte, il n'oserait attenter à votre constitution. Vous pourrez lui départir, sans appréhender qu'il en abuse, des pouvoirs aussi étendus que possible, la période de sa présidence expirée, vous le verrez remettre à son successeur le gouvernement de l'État sans hésitation, intact comme il l'avait reçu. Mais il n'y a que cette barrière qui puisse opposer un invincible obstacle aux ambitions des chefs du pouvoir exécutif.

Quant à votre Sénat, il sera aussi inutile que les précédents. Vicié dans son origine, composé d'éléments hétérogènes et inférieurs : mobile, changeant, dépendant de la Chambre qui en nomme le quart ; sans puissance sur l'exécutif, sans domination sur la Chambre, jalousé par le suffrage universel, à quoi voulez-vous qu'il puisse servir ?

La démocratie marche entre deux abîmes, la démagogie et le despotisme — Jusqu'à présent la France n'échappe à l'un que pour choir dans l'autre, il n'est qu'un moyen de la faire cheminer sûrement entre les deux gouffres, un Sénat dominateur, un Sénat immuable, immortel, indépendant, pouvant réprimer l'antagonisme des deux pouvoirs, et les maintenir tous deux dans les limites constitutionnelles.

II.

Le chef du pouvoir dans un État démocratique peut être électif ou héréditaire.

Héréditaire, c'est au peuple à choisir la dynastie ; lui seul a le droit de l'élire. Nous ajouterons que c'est la seule élection qu'il sache faire, sinon avec raison, du moins ayant pleinement la conscience de ce qu'il fait.

Electif, à qui convient-il d'en conférer la nomination ? Le suffrage universel est inapte à nommer le Président de la République, il l'a bien prouvé en 48. On lui demandait un Président pour trois ans : il a nommé un Empereur à perpétuité. L'esprit plein d'idées monarchiques, il confond la présidence avec la royauté : pour lui, nommer un président, c'est se choisir un maître dont le pouvoir durera autant que la vie et passera à sa postérité : Président, Roi, Empereur, sont pour lui mots représentatifs d'une idée identique. Ce brouillamini populaire peut aider un chef ambitieux à transformer son pouvoir restreint et temporaire, en pouvoir héréditaire illimité.

D'ailleurs il n'y aura pas qu'un candidat à la présidence, certainement il s'en présentera plusieurs : n'est-il pas à craindre que, l'étranger prenant parti dans ces luttes, nous ne voyions surgir un candidat appuyé par l'Angleterre, un autre par l'Allemagne ou la Russie, etc.; et que le candidat vainqueur ne soit obligé de payer par le sacrifice des intérêts nationaux, le concours intéressé que lui aura prêté l'étranger : les factions polonaises s'appuyant sur l'étranger, doivent nous rémémorer le sort de la Pologne.

L'étranger profitant de nos discordes, pourrait s'interposer entre les partis et pousser la lutte jusqu'à la guerre civile, jusqu'à les faire se détruire l'un par l'autre et finir par asseoir sa domination abhorrée sur les ruines de notre pays.

Il y a donc danger à confier à l'électorat populaire les nominations de Président.

Pas plus que le suffrage universel, les conseils généraux ne sont propres à cette fonction. Les membres de ces petites assemblées, soit erreur électorale, soit pénurie de sujets, sont rarement capables de remplir les fonctions auxquelles ils sont appelés.

D'ailleurs ce ne serait pas eux qui feraient l'élection. En général le Président du conseil est un haut fonctionnaire dont l'influence sur l'Assemblée est telle, que celle-ci fait tout ce qu'il veut et comme il le veut. Pour avoir les votes de ces conseils, il suffirait donc de gagner leurs présidents, chose facile à qui dispose des appâts que le pouvoir exécutif a entre les mains. Dans l'hypothèse de ce mode d'élection ce serait le Président sortant qui ferait nommer son successeur. On conçoit qu'au moyen de ce truc la présidence élective pourrait ne pas sortir de la famille présidentielle ou de son entourage.

On a songé à charger de cette fonction le corps législatif seul, ou renforcé du Sénat.

Le corps législatif fera un très-bon ou un très-mauvais choix selon sa composition qui sera très-variable. On peut admettre sans invraisemblance que la Chambre soit formée en majorité d'éléments subversifs et que le Président qu'elle nommera sera la représentation de cette majorité : concevez-vous ce qui arriverait avec un Président de cette sorte, disposant de la fortune et de la puissance de la France, de son administration et possédant le vote prohibitif ? Cette possibilité seule suffit pour faire rejeter l'élection présidentielle par la Chambre.

L'élection sera-t-elle moins mauvaise si on adjoint le Sénat à la Chambre ? Oui, il y aura plus de chances pour la bonté des choix, mais il en restera beaucoup encore pour faire appréhender qu'il soit détestable. Que la majorité de la Chambre soit très-mauvaise ; que la minorité du Sénat lui ressemble : Vous verrez porter à la présidence un homme qui en sera indigne. Or dans une affaire aussi grave, il ne faut rien laisser au hasard de ce que l'on peut lui ôter, et puisque cet amalgame des deux corps peut amener un funeste résultat, nous croyons qu'il faut éliminer l'Assemblée législative de l'électorat présidentiel.

Le véritable électeur du chef de l'État, c'est le Sénat, mais le Sénat composé comme nous l'avons indiqué. Seul, ce vénérable corps exempt de passion et d'emportement, que rien ne peut corrompre, aucune crainte ébranler, aucun intérêt séduire, qui contient condensé dans lui les lumières les plus vives, les vertus les plus pures, est capable de faire le meilleur choix. Soyez-en certain, il appellera à la direction suprême de la chose publique, l'homme le plus habile et le plus intègre.

Nous n'imposerions à son choix aucune restriction : quel qu'il soit il sera bien accueilli, car ce sera le meilleur possible. Être Français, être muni d'un certificat de bonne vie et mœurs, ce sont les seules conditions imposables aux candidats à la présidence.

III.

Les diverses branches de l'administration publique supposent et exigent dans les employés des connaissances spéciales : on ne naît pas préfet, directeur des contributions directes ou indirectes, directeur de l'enregistrement ou de poste, receveur général, etc., etc. : à qui veut remplir habilement et dignement ces diverses fonctions publiques. des études préalables, un stage suffisant, une capacité naturelle et la moralité sont choses nécessaires : il est donc de la plus haute importance de poser à l'entrée de toutes les carrières administratives des filières qui laissent passer les aspirants capables et arrètent les ignorants, les imbéciles, les mauvais sujets. Il sera non moins utile d'en poser à chaque degré d'avancement pour ne laisser passer que le talent, l'intelligence, la bonne conduite et le zèle.

Tous ces réglements devront être rédigés avec détail par la loi, imposés par elle et soustraits à la fantaisie ministérielle, ils présideront à l'entrée du fonctionnaire dans la carrière, le suivront dans sa marche ascensionnelle, jusqu'à la retraite ; dirigeront toutes les fonctions depuis les plus humbles, jusqu'aux ministères exclusivement, sauf les ministres que le chef de l'État aura le droit de prendre où bon lui semblera, tous les autres fonctionnaires seront admis et promus à tous les degrés, dans toutes les carrières administratives, par le jugement d'un jury d'examen, ils seront liés à leur fonction et la fonction à eux par d'indissolubles liens que la mort, les infirmités, ou des actes délictueux pourront seuls ou rompre ou délier.

Ainsi uni à sa fonction, ainsi assuré de sa carrière dans l'avenir, l'homme qui y sera entré, s'y vouera tout entier, il y consacrera tout son temps, toutes ses facultés, sachant que son avancement dépend de l'instruction qu'il acquerra, aussi bien que de son application et de sa probité.

Ces mesures vous donneront dans toutes les branches de

l'administration des fonctionnaires habiles, honnêtes et laborieux. La peur d'un renvoi capricieux, l'espoir d'un avancement par fantaisie, par préférence imméritée, n'en feront pas les hommes-liges de leurs supérieurs, ils jouiront d'une parfaite indépendance. Cette liberté d'ailleurs que vous leur laisserez sera un acte de justice, la législation doit viser à l'assurer à tous les citoyens, aux fonctionnaires, comme à ceux qui n'en sont pas, et j'ajoute que cette indépendance sera impérilleuse.

Régies par de telles lois, les diverses branches de l'administration formeront des ensembles homogènes, puissants par l'immuabilité, puissants par l'esprit de corps, puissants par le talent, dévoués à la chose publique par attachement autant que par intérêt.

Tout autres sont les résultats, quand les fonctions publiques sont abandonnées au bon plaisir du pouvoir et à l'arbitraire de ses agents.

Elles deviennent matière à honteux trafics, à ignoble commerce. Ce sont des maîtresses, de vils traitants qui, cachés derrière la toile, disposent des emplois et les vendent au plus offrant et dernier enchérisseur. — Si nous nous supposons dans un gouvernement parlementaire, les scandales sont différents, mais pour autres qu'ils soient ils ne sont pas moindres, les ministres ayant la nomination des fonctionnaires, on se coalise à la Chambre afin de renverser les ministres et de les remplacer par des hommes nouveaux qui paieront leur élévation par la nomination de leurs souteneurs aux grands emplois. À quoi les députés de la France passaient-ils leur temps ? A veiller aux intérêts du pays, à nous munir d'armes, d'armée, de forteresses ; à faire de nos jeunes générations des hommes vaillants, instruits, disciplinés, aimant la patrie ? A développer l'instruction, à agrandir les sources de la richesse et de la puissance nationale ? Non, leur temps, leurs efforts, leurs facultés étaient employés à colluder pour renverser le ministère, afin de mettre en place leurs familles et leurs partisans, voilà le secret de toutes les révolutions politiques de l'Espagne, voilà l'explication des révolutions ministérielles de la France.

Voulez-vous faire cesser ces scandaleuses coalitions pour supplanter ministres et fonctionnaires, cette lutte furibonde pour les places, plus effrénée que la lutte pour la vie dans l'état sauvage ? Faites des lois qui ne laissent pénétrer dans les cadres administratifs que des sujets capables et dignes, qui ne laissent avancer que les plus méritants, et monter les meilleurs ; mariez le fonctionnaire à sa fonction : qu'il y soit rivé, et surtout préservez-le de toutes les sortes de fantaisies réglementaires des bureaux. La nomination arbitraire des fonctionnaires ôtée au pouvoir et transportée à la loi, loin d'affaiblir le pouvoir le consolidera, il trouvera dans les administrations corporifiées une base immuable, un contre-fort inébranlable, et la délivrance des révolutions ministérielles pour la conquête des places : ces révolutions devenues désormais sans objet, cesseraient spontanément.

VI

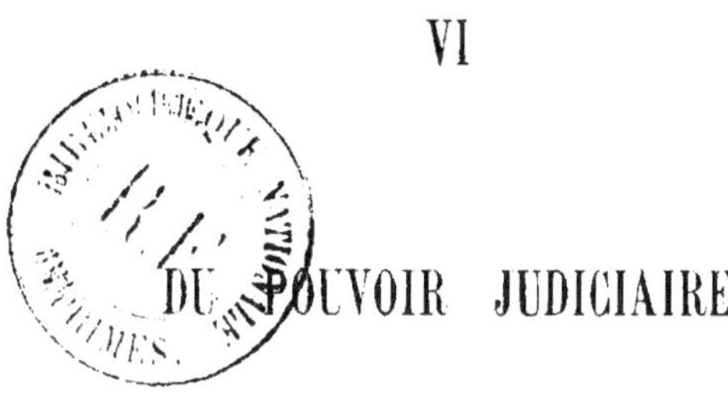

DU POUVOIR JUDICIAIRE

I

Le pouvoir judiciaire doit être unique, inamovible, indépendant, et dans sa juridiction universel et absolu.

Pourqui deux pouvoirs, deux sortes de tribunaux ? deux justices ? Une seule suffit. Il n'est pas plus difficile de juger les litiges réservés aux Conseils d'État et de préfecture que les procès ressortissant aux tribunaux ordinaires.

Il n'y a qu'une sorte de justiciable, il ne doit y avoir qu'une sorte de justice.

Est-ce que le magistrat des tribunaux de première instance n'a pas autant de lumières que le conseiller de préfecture ? Est-ce que le juge des Cours d'appel est inférieur en science de droit au conseiller d'État ? par la science les juges sont au moins les égaux des conseillers, ils ont de plus que ces derniers l'habitude de juger, et quant à la considération ils l'emportent immensément sur leurs collègues des tribunaux d'exception.

Est-ce qu'ils ont moins d'impartialité? Ils en ont beaucoup plus puisqu'ils sont inamovibles, indestituables, tandis que le conseiller est amovible, destituable, exposé à l'avancement, et prédisposé par sa position subordonnée à décider des causes selon l'impulsion du supérieur.

Ce qu'on est en droit d'exiger du juge, c'est l'application consciencieuse de la loi, eh bien! il est impossible que dans maintes circonstances vous obteniez cela du conseiller de préfecture ; il serait cassé dès qu'il montrerait de l'indépendance dans les fonctions judiciaires.

On obtient du Conseil d'État de justes jugements : pourtant des exemples fameux prouvent qu'il ne sait pas toujours résister à la pression du maître.

Quant aux conseils de préfecture, on pourrait dire d'eux qu'ils sont équitables quand ils ont intérêt à l'être et que leur équité même n'est pas de la justice.

Au reste quelque impartiaux que soient les tribunaux administratifs, on les croira toujours iniques parce que l'Administration qui y siège comme juge, y plaide comme partie. Qui donc est assez sûr de soi pour être juge en sa propre cause? Si quelqu'un avait en soi assez de confiance pour accepter cette délicate mission avec la croyance qu'il la remplirait dignement, il ne trouvera personne qui partage sa confiance. Toujours on se défiera d'un homme,

d'un Conseil, d'une Assemblée, juge et partie : en juge sa
propre cause, c'est la condition suprème pour que les décisions du tribunal soient, avec raison, soupçonnées de fraude.

Nous demandons l'abolition des tribunaux administratifs,
et que toutes les causes y ressortissant soient désormais
déférées aux tribunaux ordinaires.

Cette simplification, outre qu'elle assurerait une vraie
justice aux citoyens, éviterait aux tribunaux les conflits de
juridiction, épargnerait des frais et des retards aux parties,
et, à l'Administration, des accusations d'iniquité — et des
millions d'embarras.

II

L'inamovibilité enlève au pouvoir un de ses moyens de
peser sur l'indépendance des tribunaux : elle met ceux-ci à
l'abri des intrigues, des caprices, des rancunes de l'Administration et de ses employés. S'il n'était garanti par cette
règle salutaire, le juge qui se refuse à leur rendre des
services, et dont l'intégrité est gênante, serait envoyé aux
antipodes.

Mais l'amovibilité n'est pas la seule arme avec laquelle
on peut attaquer l'intégrité du juge, il en est une autre
plus perfide et plus dangereuse, c'est l'avancement. Celle-
ci ne fait pas crier la victime ; elle ne fait pas de blessure à ses
intérêts ; loin d'exciter ses plaintes, elle excite sa gratitude,
l'élévation du juge à un siége supérieur, livrée à l'arbitraire

des agents du pouvoir, met la magistrature à leur merci. Que l'Administration ou quelques-uns de ses hauts employés aient intérêt à la condamnation ou à l'absolution d'un accusé, à la perte ou au gain d'un procès, peut-être ils obtiendront le jugement qu'ils désirent, s'ils peuvent payer l'iniquité du jugement par l'avancement des juges prévaricateurs. Or, il ne faut pas qu'on puisse jamais dire avec quelque semblant de vérité cette horrible chose : ces juges ont vendu la justice pour de l'avancement.

L'homme est un être faillible, sujet à se laisser aller aux entraînements de l'ambition, aux allèchements de l'intérêt, aux excitations des passions : autant que nous le pourrons, n'induisons pas le juge, qui est un homme comme nous, en la tentation de forfaire. Déjà l'inamovibilité le garantit contre les rancunes du pouvoir, préservons-le du danger de ses faveurs, faisons en sorte que son avancement ne soit plus que la récompense de son mérite, de ses services et une incitation à en mériter de plus grandes, ce sera substituer un grand bien à un grand mal.

La première condition pour obtenir cette amélioration, c'est de soustraire la nomination et l'avancement de la magistrature assise à l'arbitraire du pouvoir. Tant que l'une et l'autre chose seront abandonnées au bon plaisir de l'Administration, on pourra toujours les arguer d'être dues à l'intrigue, à la faveur, à la corruption, à la partialité, etc.

A qui appartient-il de nommer les juges?

Le suffrage universel y serait aussi inhabile qu'à choisir les membres du Bureau des longitudes.

Qui connaît la composition des conseils d'arrondissement et des conseils de département, n'hésitera pas à dire comme nous qu'ils sont incapables d'une telle fonction.

Ni la Chambre, ni le Sénat ne sauraient entrer dans les détails infinis qu'exige la connaissance de la science, de la capacité, du mérite, de la moralité, de la foule des magistrats à nommer, à remplacer, à promouvoir.

Ces trois sortes d'électeurs sont donc inaptes à produire un bon corps judiciaire.

Voici le mode électoral que nous proposons.

Prenant les tribunaux tels qu'ils sont en ce moment, nous attribuons à la Cour de Cassation le choix et la nomination des juges de Cours d'Appel.

Nous donnons aux Cours d'Appel l'élection des tribunaux de première instance, et à ceux-ci de nommer les juges de paix.

Toutes ces nominations sont à vie. Celui qui se voue aux fonctions judiciaires s'unit à elles pour toute son existence, c'est comme entrer dans le sacerdoce.

J'exigerais que tout juge de paix fût licencié, et tout autre juge, docteur en droit.

III.

Outre qu'elle doit être unique, la juridiction du pouvoir judiciaire doit être universelle, c'est-à-dire qu'aucune infraction aux lois ne doit être tenue hors de sa sphère d'action de quelque part qu'elle provienne, quels qu'en soient les auteurs.

Pour les infractions aux lois qui règlent les droits des personnes et des choses, nous avons les tribunaux de paix et de première instance ; les cours d'appel, d'assises et de cassation ; mais pour la violation de la constitution qui institue le pouvoir et règle les droits des citoyens, il n'y a pas de juges.

Pourtant cette loi fondamentale, base de toutes les autres, leur origine, leur force et leur soutien, peut être transgressée par le pouvoir exécutif et par les pouvoirs législatifs ; le premier peut attenter à la constitution, il peut ne pas remplir les obligations qu'elle lui impose ; les seconds peuvent l'enfreindre par des lois contraires à son titre ou à son esprit, ou opposées aux droits antérieurs et supérieurs : qui sera le juge des violences ou des défaillances du pouvoir exécutif, des erreurs ou des actes prépotentiels des Chambres ?

Il y a des constitutions qui ont établi une haute Cour pour juger les attentats du chef de l'État ou de ses ministres ; il y en a d'autres, qui, pour juger ces crimes, transforment la Chambre haute en Cour de justice.

Cette métamorphose d'un pouvoir politique en pouvoir judiciaire est une confusion inadmissible. C'est aussi irrationnel que d'attribuer en de certaines conjonctures, le droit de faire des lois au pouvoir judiciaire : ne mêlons pas des choses qui doivent rester distinctes par leur nature et par leurs fonctions : laissons le législateur légiférer, le juge juger, l'administrateur administrer.

A l'instar de plusieurs constitutions, nous attribuerons à une cour supérieure, la fonction de juger les attentats du pouvoir exécutif chef et ministres, et les actes des
Chambres enfreignant la constitution, ou portant atteinte
aux droits antérieurs.

Qui sera l'accusateur du pouvoir exécutif? Le Sénat
seul, — mais tous les citoyens auront le droit de dénoncer
à la haute Cour les lois arguées d'inconstitutionnalité.

Par cette organisation se trouvera instituée la juridiction
universelle du pouvoir judiciaire ; avec elle, aucune sorte
d'infraction n'échappera désormais à la vindicte publique.
Quel que soit le rang et la fonction qu'il occupe, rien ne
mettra le coupable hors de l'atteinte de la justice : ni les
faisceaux, ni les fonctions législatives ; il sera jugé, fût-il la
représentation nationale, fût-il le Sénat lui-même.

La juridiction du pouvoir judiciaire sera absolue; nul n'aura
le droit, sans forfaire, de suspendre le cours de ses arrêts.

Le droit de faire grâce ou de commuer une peine est
bienfaisant, à condition qu'il soit exercé avec prudence et
appliqué à des criminels sincèrement repentants, autrement
il serait dangereux : il pourrait dégénérer en trafic entre les
mains d'un ministre corrompu ; il pourrait devenir un en-
couragement au crime, au lieu d'être un excitement à revenir à l'honnêteté. Qu'il soit exercé par le pouvoir exécutif
mais sur l'instance des juges qui ont condamné.

La haute Cour sera élue par toutes les cours d'appel qui
en nommeront les membres au scrutin de liste et au vote
secret, et son président par la Cour de cassation.

Nous n'avons pas parlé du mode de recrutement de la Cour de cassation, parce que la haute Cour n'existait pas encore. Maintenant qu'elle est instituée, nous lui attribuerons la nomination des membres de la Cour de cassation.

Lorsque la haute Cour jugera au criminel, un jury de vingt-quatre membres lui sera adjoint.

La liste des jurés sera dressée par les conseils généraux : le juré sera pris dans leur sein, ou en dehors, à leur gré.

Le président de la haute Cour extraiera chaque année, de toutes les listes, par la voie du sort, les noms des quatre-vingt-seize jurés parmi lesquels seront pris les vingt-quatre qui formeront le jury de la haute Cour pour l'année courante.

IV.

On objectera peut-être qu'une telle organisation ferait du pouvoir judiciaire un corps indépendant et puissant, sur lequel ni le Sénat, ni la représentation nationale, ni le ministère n'auront prise. Mais tant mieux ! et c'est précisément cette conséquence qui doit la faire accepter.

Le juge doit être indépendant des justiciables, or, comme toute chose et tout homme sont du ressort de la justice, le juge doit être indépendant de tout et de tous.

D'ailleurs la démocratie a besoin de contre-poids ; il faut à sa mobilité des rocs immuables opposant leur inébranlable fixité à l'inconstance et aux emportements de son humeur.

Et puis, qu'a-t-on à craindre de l'indépendance de ce

corps ; en dehors de sa fonction il n'est rien, il ne peut rien, il rend des jugements et c'est tout. Ce n'est pas même lui qui a la charge de les faire exécuter, ce devoir incombe à d'autres.

C'est bien plutôt son défaut d'indépendance qui est à redouter. L'honnêteté de juge dépendant est possible, mais celle de juge indépendant est bien plus certaine. Celle-ci n'est pas mise en doute, l'autre peut toujours être soupçonnée, or, il en est de la justice comme de la vertu de la femme de César.

L'opposition de ce corps au pouvoir est inadmissible : elle ne pourrait être mise en jeu que par une inique pression de celui-ci sur les déterminations des tribunaux ; or, dans cette hypothèse la résistance au pouvoir serait l'accomplissement d'un devoir sacré. Mais cette pression de l'administration n'est supposable que dans l'état de dépendance de la magistrature. L'indépendance mettra celle-ci toujours à l'abri des tentatives oppressives des gouvernements.

Et véritablement, ni le Sénat, ni la Chambre des députés n'ont besoin d'avoir prise sur le pouvoir judiciaire. Quant à l'administration, il faut lui interdire cette possibilité pour mettre fin aux vexations, aux mille et une petites tyrannies de ses agents de tous les degrés : elle ne peut avoir besoin de peser sur la justice que parce qu'elle aurait besoin de mal faire.

Que l'on se mette bien ceci dans l'esprit : plus la justice est indépendante, plus elle est honorée et respectée des peuples.

On pourrait appréhender le népotisme dans un corps qui se recrute par lui-même, mais on parera à ce vice en exigeant des candidats qui se présentent pour entrer dans la judicature d'être docteur en droit, et en imposant aux Cours chargées de l'élection, de recevoir les aspirants au concours, et de classer les admis par rang de mérite. Quand il y aura des places vacantes dans les tribunaux, les titulaires seraient pris sur le tableau. Les premiers inscrits sortiraient juges les premiers, sans avoir besoin pour prendre possession de leur siège d'une élection nouvelle. Ils se pouilleraient de droit dans la charge vacante, à moins que des actes d'inconduite ou d'improbité ne les eussent rendus indignes de l'occuper. Cette filière neutraliserait les influences de la parenté.

Il est pourtant possible qu'à la longue une telle organisation nous créé des familles judiciaires dans lesquelles, comme dans l'ancien régime, les fonctions seraient parfois héréditaires comme le mérite. Mais où est l'inconvénient qu'un fils illustre succède dans la charge à un père illustre, s'il y est porté par son mérite et le choix de ses collègues ? Il n'y a pas de loi assez bête pour faire de l'hérédité un empêchement dirimant à l'exercice d'une fonction.

V

Le ministère public fait partie intégrante du pouvoir judiciaire.

Sa mission est de veiller au maintien de l'ordre public, de requérir l'exécution et l'application des lois, et de poursuivre les actes délictueux ou criminels.

Par la nature de ses fonctions, il relève du pouvoir exécutif chargé de promulguer la loi, de la maintenir et de veiller à sa stricte exécution.

C'est donc au chef de l'État qu'il appartient de nommer les magistrats du ministère public.

Il est un seul magistrat du ministère public qui ne doive pas être nommé par le pouvoir exécutif, c'est le procureur général près la haute Cour. Ce haut fonctionnaire pouvant être chargé de poursuivre l'accusation lancée par le Sénat contre le chef de l'État ou contre ses ministres, ne doit pas être nommé par eux, mais par le Sénat dont il est le représentant près de la Cour.

De même, le procureur général qui poursuivra l'accusation d'inconstitutionnalité devant la haute Cour, ne sera nommé ni par le Sénat, ni par la Chambre dont il est chargé d'accuser les actes : nous croyons qu'il pourrait être désigné par la Cour de cassation ou choisi par la Haute Cour elle-même.

Nulle fonction plus que celle du ministère public ne se prête aux abus du pouvoir.

Que d'abus dans les ordres de visites domiciliaires, que d'arbitraire dans les mandats d'amener, d'arrestation, de dépôt ? Durant l'Empire, le ministère public a été le servile instrument des rancunes politiques de l'Administration : il a fait tous les procès correctionnels et criminels dont la

haine et la vengeance des agents de ce gouvernement
avaient besoin. — Il n'est pas de fonction où l'abus du
pouvoir soit plus facile, et où l'on puisse le commettre
plus impunément ; partant il n'en est pas qui mérite plus
de surveillance active et continue. Il faut un frein au zèle
ambitieux, une bride à la passion accusatrice, qui amène,
excite, pousse ces agents utiles et redoutables — contre
leurs prévarications particulières on a l'amovibilité et la
destitution — mais comment s'opposer aux prévarications
politiques commises par le ministère public alors que le
pouvoir qui le commande est le seul qui puisse les punir,
et qu'au lieu de les punir il a pour leurs auteurs des
récompenses s'ils réussissent et des disgrâces s'ils n'ont pas
de succès.

Il serait nécessaire : 1° qu'un censeur nommé par
chaque Cour d'appel, soumis à sa seule autorité, suivît
les actes de ces magistrats, tempérât leur fougue ou
excitât leur zèle, et surveillât les mobiles de leurs pour-
suites politiques ; 2° il faudrait encore que les lois sur
mandat d'amener, de dépôt, d'arrêt, fussent révisées et
réduisissent beaucoup les pouvoirs qu'elles accordent ;
3° que les magistrats du ministère public fussent respon-
sables de leurs actes, comme tous les fonctionnaires amo-
vibles, et soumis aux revendications de ceux qui ont été
lésés par leur iniquité, leur étourderie ou leur incapacité.

D'ailleurs, le ministère public doit avoir liberté entière
dans l'exercice de ses fonctions.

Je sais bien que la liberté d'un fonctionnaire amovible,

et destituable à volonté, est une liberté à peu près illusoire. Cependant, pour les caractères fermes et les consciences droites qui embrassent leur devoir avec passion et dédaignent les ennemis et le danger que leur probité peut faire surgir sur leurs pas ; il est bon d'inscrire dans la loi ce droit du ministère public, à l'action, à l'opposition, à l'initiative.

L'autorité du censeur qui serait un obstacle aux complaisances de ces magistrats pour un pouvoir inique, pourrait bien souvent le protéger contre les rancunes d'une administration mécontente.

VII

CENTRALISATION

ÉMANCIPATION DE LA COMMUNE
ET DE LA PROVINCE

De tant loin qu'il nous souvienne, nous avons entendu comme à cette heure crier : « A bas la centralisation !
« Elle est la cause de tous nos bouleversements politiques;
« c'est elle qui nous contraint de nous soumettre aux
« triomphes des émeutes de Paris, et d'accepter l'iniquité
« de faits accomplis; c'est elle qui nous renfonce, à peine
« échappés aux calamités de l'anarchie, sous le joug abru-
« tissant de la bureaucratie. »

D'autre part, nous entendons vanter avec non moins d'insistance, les merveilles de la centralisation : « on lui
« doit la sûreté, la rapidité du service administratif : le jeu
« facile de la machine gouvernementale ; elle est une des
« grandes forces de la France, etc., etc. »

Des deux côtés, on a raison :

Oui, la centralisation est un puissant instrument de gouvernement — du centre, le commandement rapide comme la pensée, vole et s'étend sur tous les points du territoire. Ces vastes corps l'administration, l'armée, la marine, la magistrature obéissent comme un seul homme: rien ne remue sur un point quelconque de la surface de la France, que le mouvement ne retentisse au centre ; en même temps qu'il a une oreille qui ouit partout, un œil qui voit partout, le centre a partout la voix et la main présentes, un point du territoire est-il menacé ou menaçant ? le télégraphe le révèle, le télégraphe ordonne et instantanément les servoies vomissent dix, vingt, trente mille hommes sur le point en danger. Et quelle belle organisation que la justice, les postes, les finances! Si nous n'avions pas la centralisation, il faudrait l'inventer ; voyez, que de gêne, que d'empêchements dans les États qui ne l'ont pas ! Ils en sentent l'extrême utilité, ils la veulent, ils s'efforcent de la créer chez eux, et ne réussissent souvent qu'à organiser un vaste système de tyrannie subalterne et de pillerie. C'est qu'une si vaste machine, à rouages si compliqués, ne se crée pas dans un jour, il nous a fallu des siècles de temps et d'expériences pour y introduire la coordination et l'unité, pour se faire un personnel habile, honnête, rompu aux affaires. Voilà pourquoi, née vers le commencement de la troisième dynastie, cette institution Française d'origine, Française de développement, n'a reçu les derniers achèvements que dans le siècle présent ; uon, non, n'abolissons pas la centralisation, admirable instrument, indispensable mécanisme politique, émondons-en les abus, corrigeons-en les défauts et conservons-la précieusement.

Mais oui, aussi, la centralisation tient la porte toujours ouverte à toutes les révolutions qui se présentent. Elle met à leur disposition la facilité de l'entreprise et l'espoir du succès. Après ça que reste-t-il à faire ? S'emparer de Paris et tirer la ficelle : quel que soit le tireur de la ficelle, provinces, communes, individus obéissent comme des pantins au mouvement imprimé, et la France encoche sur sa taille une révolution de plus — depuis 89, cela s'est fait vingt fois. — Comptez les révolutions intérieures de la Convention, celles du Directoire, celles du Consulat et de l'Empire, etc., etc.

Or, à toutes les fois que pareil événement se produit on voit des bonnes gens s'extasier sur ce phénomène prodigieux de 40 millions d'âmes se laissant benoîtement ranger sous le sabre d'un despote, ou sous le joug de quelques gredins : ils sont encore à comprendre que c'est là une conséquence fatale de notre centralisation.

Nous sommes dix millions de citoyens : de cette énorme masse, on pouvait facilement extraire deux millions de soldats rompus à la discipline, et habitués à la manœuvre et s'en faire un rempart inexpugnable contre l'ennemi du dedans et du dehors. On a préféré se fier à l'armée et parce que l'on avait peur de cette gigantesque puissance on l'a dissociée, on a brisé tout lien d'union entre les individus, on les a réduits à n'être que des unités. Ainsi désagrégée la population n'a plus été que de la poussière d'homme. Les feuilles isolées et attachées à l'arbre par le pied, voilà l'image vraie des citoyens français.

Cette force immense, mais impuissante faute de cohésion, est épandue sur quarante mille communes, quarante mille corps inertes, sans vie, qui ne remuent que sous la galvanisation du centre. Vienne à tomber au milieu de cette poussière humaine la nouvelle d'une insurrection triomphante à Paris, on voit tout de suite ce qui va arriver : les dix millions d'individualités isolées l'une de l'autre, réduites chacune à sa propre force, furieuses de leur impuissance, mais en ayant le sentiment profond, laisseront passer la nouvelle révolution. Quant aux communes, instruments passifs, privées de volonté et de sens, elles recevront, transmettront les ordres de centre, quels qu'ils soient, avec la fidélité mécanique et l'inconscience du télégraphe.

Dissoudre, briser, tout ce qui peut faire résistance, organiser tout pour l'obéissance, voilà le système absolu inventé, suivi, développé par la centralisation : il n'est autre que la centralisation elle-même, élevée à son plus haut degré, poussée à ses plus extrêmes limites, jusqu'à l'absorption complète des libertés provinciales et communales, jusqu'à l'absorption de l'individu lui-même. Tant que nous demeurerons dans ces conditions, tout révolutionnaire qui se rendra maître de Paris, qu'il soit césarien, réactionnaire, terroriste, socialiste ou communiste, étendra sa domination sur la France entière. Oui, la hideuse Commune, qui sans Thiers y eut peut-être réussi, y réussira demain si l'occasion la favorise ; et la France subira l'infamie de cette conquête, comme elle a subi la Terreur. Avec quoi voulez-vous donc qu'elle s'en préserve ? son désir ne suffit pas : la volonté ne peut pas se faire acte : elle n'a la faculté de se transformer en soldat ni pour défendre l'ordre, ni pour son propre salut : mais que dis-je ? La France, comment repousserait-elle le monstre ? elle n'existe pas, elle n'est qu'un nom, un mythe. Il y a bien en ce pays un gouvernement qu'on peut renverser ; il y a aussi dix millions d'individus bons à faire des électeurs et des imposés, mais une France qui puisse, une France aux bras armés étendant son épée au-devant de l'État et le couvrant de son vaste bouclier, contre tous les périls de dedans et de dehors, il n'y en a pas. Tant que cette France n'existera pas, nos gouvernements équilibrés sur la pointe d'une aiguille, un souffle peut les jeter bas, et rien n'empêchera les Prussiens de venir nous voler provinces et millions : or à qui la faute ? à la centralisation.

Enfin, nous avons fait un pas en avant : une commission de décentralisation a été nommée par l'Assemblée nationale. Or, si vous demandez à chacun de ses membres, quelles choses sont du domaine de la centralisation, quelles n'en sont pas et ne doivent pas en être, vous exciterez de vifs et longs débats, et n'obtiendrez pas, vraisemblablement, de réponse positive. Eh bien! nous n'hésitons pas, nous, à répondre à cette question, et nous croyons pouvoir poser cette loi, comme la vraie loi de la centralisation :

« A la centralisation, tout ce qui est d'intérêt général ;

« aux provinces, aux communes, à l'individu tout ce qui
« est d'intérêt privé. »

Et nous entendons par intérêts privés, ceux particuliers
aux provinces, ceux particuliers aux cantons, ceux particuliers aux communes ; provinces, cantons, communes, trois
êtres fictifs auxquels nous accordons la personnalité.

Appliquée aux préfets, cette loi les désencombre de tous
les intérêts particuliers aux départements et aux communes : propriétés provinciales et communales ; routes dépar-
tementales et chemins vicinaux, nomination des agents départementaux et communaux, bâtiments et monuments non
propriétés nationales, budget de provinces et de communes,
tout cela et mille autres choses encore doit être soustrait
à l'autorité du préfet et restitué à la gestion administrative
des conseils provinciaux et municipaux.

Ce magistrat n'aurait plus à s'occuper d'élections, à les
annoncer, à les ouvrir et à les clore, à les juger
en conseil de préfecture. La loi établirait une fois pour
toutes que les élections auront lieu tous les six ans. Celle
des députés le 1er dimanche du mois de mai, celle du conseil général le 1er dimanche de juillet, celle du conseil municipal le 1er dimanche de novembre. Au jour et à l'heure
fixés par la loi, le peuple s'assemblera de lui-même en ses
comices sans annonces, sans tambours ni trompettes, sans
avis préalable de l'administration ; le dimanche qui suivra
le huitième jour après le décès d'un député, d'un conseiller général, l'arrondissement, le canton procèderont spontanément à élire son successeur.

L'élection est l'exercice d'un droit souverain. Pourquoi immiscer le pouvoir et ses organes à l'accomplissement de cette fonction de citoyen? Où est l'utilité de la charger d'annoncer l'ouverture, de prescrire la durée et la clôture du scrutin! Il n'y en a pas, la loi fixant le jour, l'heure et la durée de l'opération, n'ayez peur que l'électeur l'oublie, il s'en souviendra comme ses pères se sont ressouvenus des assemblées primaires en 89, malgré une interruption de cent cinquante ans dans les États-Généraux, il est bon que le citoyen sache faire de lui-même son devoir, sans guide-âne ; et il ne l'est pas qu'à toutes les fois qu'il a des droits à exercer, il trouve devant lui un fonctionnaire qui le tire par la bride, et le mène au baquet. L'électeur ira donc à ses comices, aux jours déterminés, il y ira de lui-même, sans y être invité, ni intimé par personne, au simple appel de la loi.

Cette loi sera vite imprimée dans sa mémoire, les lois les mieux observées sont celles qui sont passées dans les mœurs : celle-ci au bout de peu d'années y serait profondément empreinte.

Il y aura certainement des gens qui diront sérieusement que débarrasser le pouvoir de tous ces *impedimenta*, c'est l'affaiblir : nous croyons, nous, que c'est le fortifier, comme nous croyons l'avoir fortifié en lui retirant la prérogative de dissoudre la Chambre et la donnant au Sénat. Ce n'est pas toujours en élargissant le pouvoir, en le surchargeant de mille soins onéreux, qu'on le rend plus allègre, plus libre dans ses allures et plus robuste.

Quant à la vérification des pouvoirs, nous croyons qu'il

faut en charger le tribunal de première instance, avec faculté d'appel en cour d'Appel.

Que reste-t-il donc au préfet débarrassé de tout l'attirail des intérêts communaux, provinciaux ? Il lui reste les intérêts généraux : il sera le lieutenant du pouvoir et de ses ministres : promulgation des lois, finances, police générale, armées, postes, fervoies, navigation fluviale et maritime, fleuves, rivières, canaux, routes nationales, révision des conscrits, monuments publics, et ses fonctions pour réduites qu'elles soient ne seront pas une sinécure.

Le sous-préfet est trop près de son chef, et trop loin des limites du département. On en a fait un trop gros magistrat pour sa fonction de ricochet entre les communes et le préfet, entre le préfet et les communes. Du chef-lieu d'arrondissement où il siége, il est inutile au préfet, il est inutile aux cantons où il ne peut surveiller les intérêts généraux ; par rapport au préfet et, par rapport aux cantons c'est un rouage superflu. Il faut les supprimer et les remplacer par un magistrat de moindre taille, mais supérieur au commissaire de police. Je propose de l'appeler Protenant ; il siégerait au chef-lieu de canton, au cœur des intérêts qu'il est appelé à régir ; il remplirait de son autorité toute l'aire du territoire soumis à sa surveillance.

Quelles seraient les attributions du protenant ? Surveiller tout ce qui, dans le canton, est d'intérêt général : 1° percepteurs, receveurs des postes et des contributions indirectes, buralistes, facteurs ruraux, gendarmerie et gardes-champêtres, télégraphe, poids et mesures, monuments publics,

fleuves, rivières, canaux, routes nationales, en un mo
tout ce qui est du domaine public ; 2° il publierait les lois,
les décrets, les arrêtés ministériels, les actes du préfet ; il
ferait le tirage au sort ; 3° il recueillerait les renseignements
statistiques sur les récoltes, sur les épidémies, sur l'hygiène
publique ; sur les épizooties, sur les maladies des végétaux ;
sur le commerce, les industries ; sur l'état physique et moral
des populations ; sur les caisses d'épargne, sur les fonctionnaires publics, notaires, instituteurs, ministres des cultes ;
en un mot il veillerait à l'observation générale des lois et
des règlements ministériels et préfectoraux ; 4° il recueillerait les documents historiques et archéologiques ; 5° il
ferait fonction de ministère public auprès du juge de paix.

Grâce à ce modeste et indispensable fonctionnaire, l'autorité publique serait présente sur tous les points du territoire
dans les communes les plus reculées, comme aux chef-
lieux de provinces ; nulle part, la loi ne manquerait de
protecteur, de défenseur ; les contrées écartées ne seraient
plus délaissées dans un sauvage abandon, vides d'autorité,
et les violations de lois qui s'y commettent par milliers
n'y seraient plus irréprimées.

Voilà la juste part de la centralisation, tout ce qui en serait retranché le serait à tort ; tout ce qui y serait ajouté,
le serait abusivement.

Voyons maintenant celle de la commune et de la province.

Nous commençons par la commune : les droits de celle-
ci étant bien définis, la question sera résolue en même

temps pour la province : ce sont deux personnalités fictives, ayant même droit, même privilège.

Depuis que nos rois ont aboli les chartes communales conquises par nos aïeux au moyen âge, les communes, rangées sous la tutelle de l'administration, ont vu se resserrer de plus en plus le lien qui les attache au joug, jusqu'au jour où perdant toute franchise et toute liberté, elles ont été déclarées mineures; à dater de ce moment, rien ne se fait plus chez elles que sous le contrôle et avec le gré des agents ministériels. Depuis 89, cet abus n'a fait que s'accroître sous tous les régimes et en ce temps de république il est à son comble.

De droit naturel, la commune est majeure : Comment ! un groupe de citoyens n'aurait pas le droit, que chacun d'eux en particulier possède ? N'est-il pas inepte autant qu'inique, de refuser à une agglomération de mille, cent mille citoyens, dont la plupart ont dépassé la moyenne de la vie, ce qui est accordé de plein droit au jeune homme qui a accompli sa vingt-unième année ?

La commune est majeure : la loi doit la proclamer majeure, partant émancipée de toute tutelle administrative, et jouissant de tous ses droits, en toute franchise et liberté.

Quels sont ces droits ? Tous ceux d'un homme parvenu à la majorité : vendre, acheter ; aliéner ses biens, les échanger ; accepter des legs, des donations ; ester en justice ; bâtir, débâtir ; nommer tous ses agents, tous ses employés ; voyers, cantonniers, gardes, concierges ; les suspendre, les congédier, les rappeler ; et tous ces actes, elle les pourra faire *proprio motu* sans autorisation ni approbation de l'administration.

Toutefois, le protenant tiendra note des actes municipaux de légalité douteuse et *a fortiori*, de ceux qui seraient évidemment illégaux, et les dénoncera à l'autorité compétente.

La commune pourra fonder des écoles secondaires et même des écoles supérieures ; elle pourra y appeler les hommes qu'elle croira les plus capables de les rendre florissantes : elle pourra créer avec ses propres ressources des laboratoires de physique et de chimie, y élever des observatoires astronomiques et météorologiques ; instituer des chaires de linguistique, de philosophie, de théologie, en un mot de toutes les sciences et de tous les arts. Plus seront nombreux les foyers de lumières, plus la connaissance se propagera, s'étendra, se vulgarisera et s'infiltrera dans toutes les couches de la population, et plus vite disparaîtra cette sauvagerie dont certaines classes nous ont donné de si hideux exemples.

La commune sera régie par un conseil élu et administrée par le maire.

Ce conseil, outre les quatre sessions régulières fixées au milieu de chacune des quatre saisons, pourra s'assembler à toutes les fois que les besoins de la commune le demanderont, sans autorisation préalable de l'administration.

Le maire peut convoquer spontanément le conseil ; il devra le convoquer sur la demande motivée de quatre conseillers.

Le maire, c'est la personnification de la Commune : par

qui doit-il être nommé ? Pour qu'une semblable question puisse être posée, il faut que la notion du droit soit étrangement troublée dans la tête de ceux qui la font. Un particulier a besoin d'être représenté près d'un notaire ou d'un tribunal. Est-ce que ce n'est pas lui qui choisira son représentant ? Les sociétés ne nomment-elles pas leur gérant? *A fortiori* le mandataire de la commune, celui qui la personnifie, dont la signature donne valeur aux actes de la communauté, qui est en justice pour elle, dirige ses affaires, surveille ses intérêts, vaque à toutes ses dépenses, celui-là doit-il être élu par la Commune. Nul qu'elle n'a intérêt à cette nomination, ou si quelqu'autre y avait intérêt, à coup sûr cet intérêt ne serait pas communal—pour ce seul motif on ne doit pas en tenir compte.

L'Empire, qui faisait du maire son plus puissant levier électoral, s'était emparé de sa nomination, on le comprend du reste. Les autres gouvernements se l'étaient réservée en réalité, comme moyen d'influence, mais sous le spécieux prétexte que le maire est autant et même plus le représentant de l'Administration que celui de la Commune. Il est certain que le maire est dans la Commune très-souvent le représentant de pouvoir : mais il est certain aussi qu'il ne devrait pas l'être, il doit être la Commune en personne, rien de plus. Toutes les attributions entassées sur lui et qui sont étrangères à ses fonctions municipales, étant attenantes à l'Administration, à la justice, sont choses d'intérêt général en dehors desquelles la Commune et son gérant doivent être rigoureusement tenus. Comme nous avons dégagé le préfet des affaires privées de la province et de la Commune, de même nous débarrassons le maire de cet encombrement de fonctions qui n'ont rien de municipal ; en vertu de notre principe : à l'Administration les choses d'intérêt général, à la Commune les choses d'intérêt privé.

Toutes les fonctions dévolues au maire et qui n'ont rien de communal nous les transférons au fonctionnaire qui dans le canton sera l'*alter ego* du préfet, son lieutenant civil — son protenant. C'est lui que nous chargerons d'être officier de police judiciaire, substitut du ministère public près de la justice de paix, agent de l'Administration générale.

La fonction de maire ainsi allégée et restreinte à la gestion des affaires municipales, la question de la nomination du maire est facile à résoudre : il est évident qu'elle appartient exclusivement à la Commune.

Si habitué l'on est de voir la Commune dépendante du centre, que l'on a peine à s'accoutumer à l'idée de la Commune libre, que beaucoup même en sont effrayés; pour échapper au cauchemar de cette émancipation, ils voudraient une Commune à moitié désentravée ; ils lui accorderaient ses franchises, mais à condition qu'elle serait administrée par un maire choisi par le pouvoir central. Secouons ces vaines terreurs et comprenons que le maire au choix du préfet ou du ministre, c'est toujours la Commune mineure, que le maire nommé par la Commune, c'est la Commune virile.

Le maire sera élu par le conseil municipal, et non par

la masse électorale. Le choix du conseil sera toujours le plus sensé et le plus conforme aux intérêts communaux, il n'en serait pas toujours ainsi de l'élection populaire. On sait combien les masses sont sujettes à l'engouement, à l'abusion, à se laisser tromper.

On a proposé de faire présenter par le conseil trois candidats parmi lesquels le pouvoir choisirait celui qui lui conviendrait le mieux ; mais celui qui conviendrait le mieux à l'Administration, sera souvent celui qui sera le moins agréé de la population.

Cette combinaison est inadmissible et inutile : inadmissible, parce qu'elle immisce le centre à des actes purement municipaux ; inutile, parce que de ce droit étroit de choisir, le pouvoir ne tirerait pas l'avantage qu'il en espère, de peser sur les élections — la possibilité d'influencer le suffrage universel s'affaiblit tous les jours, et dans peu elle sera nulle.

Et pourquoi vouloir exercer une pression sur les communes ? Ne voit-on pas que c'est vouloir faire naître le désir de la résistance et l'envie de l'opposition ? Ce n'est pas par la pression que vous les maîtriserez, c'est par la liberté — abandonnez-les à leurs instincts, à leur inexpérience — sans doute d'abord, elles trébucheront comme l'enfant à qui on ôte ses lisières ; elles tomberont, se relèveront, puis elles apprendront à se tenir debout, à marcher, à se conduire.

III.

Voilà la commune libre, affranchie de la tutelle administrative et jouissant de la plénitude de ses droits ; voyons:
qu'en va-t-il résulter ? Ou bien, elle usera de sa majorité
avec modération et bon sens, et il n'y aura qu'à s'applau-
dir de l'avoir débarrassée de ses entraves ; ou, se livrant à
de folles dépenses, elle courra évidemment à la ruine prochaine; ou bien les divers partis qu'elle enserre en son sein
se feront une guerre acharnée qui pourra être poussée
jusqu'à ensanglanter la cité.

L'Assemblée provinciale instituée protectrice des communes, sera instruite de leur conduite par les rapports du
protenant au préfet; dans celles où les querelles des partis
menacent de dégénérer en guerre civile, elle suspendra la
liberté municipale, et nommera des autorités délibérantes
et exécutives provisoires, qui régiront la cité jusqu'à parfait rétablissement de la paix intérieure.

Quant à la Commune qui courra à sa ruine, elle devra
être traitée comme la loi veut que soient traités les jeunes
prodigues, les vieux dissipateurs et ceux qu'une infirmité
morale rend incapables de gérer leurs affaires particulières;
le Conseil provincial demandera aux tribunaux qu'elle
soit d'urgence frappée d'interdiction . L'interdiction
obtenue, il lui nommera un Conseil judiciaire, ou un
curateur secondé d'un subrogé-tuteur, qui remplacera le

curateur ; au besoin, la Commune redevenue mineure, ne pourra faire aucune dépense, contracter aucune dette sans l'aveu de son tuteur.

IV.

Nous nous abstiendrons d'entrer dans le détail des droits, franchises et libertés de la province. Cette énumération qui ne serait que la répétition de tout ce que nous avons dit de la Commune, est inutile et serait fastidieuse, nous dirons seulement que la province a comme la Commune la personnalité civile, et jouit de toutes les prérogatives qui y sont attachées ; qu'elle est représentée par un Conseil provincial, lequel élit son président ; que ce président administre avec son Conseil les affaires particulières de la province dont il est la personnification.

Nous assimilerons encore la province à la Commune pour les cas de troubles intérieurs, et de dépenses exagérées. Bien qu'il soit difficile de supposer que ces grands Conseils puissent fomenter la guerre civile, ou se livrer à des dépenses ruineuses, il est pourtant nécessaire, le cas par hasard échéant, que le gouvernement ne se trouve pas dépourvu de tout moyen légal de réprimer les troubles et d'arrêter la ruine de la province. Naturellement la surveillance de ces excès incombe au pouvoir, et nous en attribuons la répression et le soin de les prévenir au Sénat ou au Corps législatif. Ces pouvoirs admonesteront la province insoucieuse de ses intérêts, interdiront celle qui se ruine, et proclameront l'état de siége là où la guerre civile deviendrait imminente.

V.

La restauration des libertés provinciales et communales aura certainement pour effet de soustraire le pays à la tyrannie bureaucratique de la centralisation, mais elle ne le mettra pas à l'abri de coups d'État et des entreprises des révolutionnaires et des usurpateurs. Supposons ceux-ci maîtres de Paris; ils ne trouveraient plus, il est vrai, dans la France émancipée, l'obéissance passive de la France surcentralisée. Les conseils provinciaux briseraient tout rapport avec l'insurrection : entre elle et les communes ; entre elle et les provinces toute relation serait interrompue ; mais les factieux, maîtres de Paris, y trouveraient d'immenses ressources pécuniaires, ils pourraient faire ce qu'a fait la Convention, écraser les provinces qui refuseraient d'accepter leur autorité, avec quoi voulez-vous que celles-ci dans l'état actuel repoussent les attaques de l'usurpation? Où sont leurs moyens de défense? Elles n'en ont aucun.

La restauration des libertés communales et provinciales délivre donc le pays de la tyrannie de la centralisation, mais ne le garantit pas de l'oppression révolutionnaire ou usurpatrice. Pour compléter et assurer son émancipation, il faut lui donner une force armée telle que devant sa puissance, toute force armée soit comme une plume devant le souffle de la bise. Où puiser cette force? En nous-mêmes: toutes ces populations désagrégées jusqu'à l'individualité, ces dix millions d'électeurs annihilés par l'isolement, réunissez-les en faisceaux et vous aurez cent fois plus de soldats qu'il n'en faut pour écraser tous les gouvernements de révolte.

Que dans chaque commune, les jeunes gens de quinze à vingt ans forment les cohortes des cadets, et les hommes de vingt à quarante les cohortes des aînés : que ces cohortes dès l'enfance, soient habituées au maniement des armes, aux manœuvres militaires; en les réunissant en bataillons, et les bataillons en divisions, vous aurez une armée formidable. Sans doute, dans les premiers temps ces troupes ne seront pas bien habiles, ni très-disciplinées; mais avec le temps, la pratique, la persistance qui en feront passer l'accoutumance dans les mœurs, vous pouvez porter cette organisation à sa perfection ; alors nous serons pour jamais délivrés du danger incessamment suspendu sur nos têtes, d'une révolution quelconque. Nous n'aurons plus à craindre l'ennemi du dedans ; et du même coup nous serons garantis contre l'ennemi du dehors. Nous pourrons défier les Prussiens comme les 18 brumaire et les 2 décembre, les 24 février et les 4 septembre. Les choses étant ainsi, supposez qu'une révolution éclate à Paris. A la nouvelle de l'événement, les conseils provinciaux déclarent les usurpateurs traîtres à la patrie ; réunissent entre leurs mains tous les pouvoirs ; appellent à eux l'armée territoriale ; au milieu de la France en armes, se levant comme un seul homme, que peut faire Paris ? — Isolé, affamé, se dévorant les entrailles, Paris après huit jours d'insurrection sera à la merci de la province.

Et si cette organisation de la force publique, et cette restauration des libertés provinciales eussent existé il y a quarante ans, nous n'aurions subi ni le 24 février, ni le 25 juin, ni les conséquences qui s'en sont suivies ; nous aurions sur tous les points de France une force organisée au service et à la défense de l'ordre — ce que nous n'avons pas encore.

Qui de nous, en y réfléchissant, n'est effrayé de son isolement et ne se dit « Il y a tout juste cinq gendarmes dans le canton pour protéger les personnes et les propriétés : si vingt affiliés à la Marianne conspiraient notre ruine, qu'aurions-nous à leur opposer ? Rien que des résistances individuelles. Ils pourraient donc tout piller, incendier, égorger, violer, en attaquant l'une après l'autre nos habitations. » C'est la vérité — chacun de nous pour repousser l'assaut de la bande n'a que lui-même.

Mais supposez les cohortes communales organisées, les bataillons cantonnaux constitués, chaque maire aura sous sa main une force incessamment présente et vingt fois, cent fois plus forte qu'il n'est nécessaire pour vaincre les brigands et réprimer les brigandages.

VI.

La révivification des libertés communales et provinciales demande l'élargissement des cantons, la concentration des communes, la réformation des limites dans toutes celles dont le chef-lieu est très-excentrique et la condensation de nos 84 départements en une vingtaine de provinces.

Les fervoies ont raccourci la distance depuis 89 dans la proportion de dix à un, il fallait en ce temps là dix fois plus de temps qu'aujourd'hui pour faire le même trajet. Les chefs-lieux de départements qui alors étaient éloignés de deux journées de telles localités, n'en sont plus qu'à quelques heures, pourquoi donc maintenir le morcellement de la France en 84 parcelles? Si à l'origine ce déplacement trouvait sa raison d'être dans la difficulté des communications, dans la longueur des distances, s'il a eu pour motif l'utilité de l'assimilation des mœurs et de combattre la passion du particularisme, pourquoi le conserver alors que tout cela n'existe plus ?

Certes, ce serait une opération rationnelle et économique que de réduire à une vingtaine le nombre de nos départements. Cette réforme diminuerait notablement le chiffre du budget de l'intérieur ; elle élèverait le niveau moral et intellectuel des conseils provinciaux qui, réduits à vingt, pourraient être mieux composés étant en moindre nombre ; elle aiderait à fonder dans une juste mesure des Universités, chaque province aurait la sienne.

Le canton élargi deviendrait une importante division territoriale: en lui accordant la personnalité civile comme à la
commune, il pourrait avoir des institutions permanentes et
susceptibles d'accroissement et qui seraient d'un intérêt
général pour les communes endépendant, telles qu'un hôpi-
tal où seraient admis tous les pauvres du canton ; une école
secondaire, un comice agricole, etc.

Un congrès formé de membres élus par les communes ou
simplement des maires et adjoints, s'occuperait des intérêts
généraux du canton : chemins, canaux d'irrigation et de
desséchement, cours d'eau, foires et marchés, nomination
du voyer cantonal, du médecin cantonal. Les communes
ne seraient plus isolées comme elles le sont aujourd'hui ;
un lien les rattacherait à un centre commun.

Au chef-lieu de canton résideraient le protenant du
préfet, le juge de paix dont les attributions seraient aug-
mentées, le directeur de l'école secondaire, le receveur des
postes, de l'enregistrement et des contributions indirectes ;
le percepteur, la brigade de gendarmerie etc., les notaires,
le médecin cantonal. Après quelques années ces localités
acquéreraient de l'importance; il s'y formerait une bourgeoisie respectable.

On pourrait sans inconvénient et au grand avantage de
cette division du territoire supprimer un grand nombre de
petits cantons.

Les communes sont telles que les avaient faites les
guerres seigneuriales et l'établissement des fiefs; il en est
de trop petites, il en est même de trop grandes; quelques-

unes de mal conformées, beaucoup ont un chef-lieu excentrique ; un bon travail sur les communes en supprimerait beaucoup, et en régulariserait un très-grand nombre ; ce travail est de première nécessité.

VII.

Quels seront les effets de l'émancipation des communes sur le suffrage universel ?

Il ne faut pas se le dissimuler, c'est l'émancipation du suffrage universel, c'est sa complète indépendance. L'Administration n'aura plus sur lui aucune prise ; entre elle et lui tout lien de sujétion est à jamais rompu, mais si le pouvoir perd une influence illégitime, oppressive sur les populations, voyez ce qu'il gagne.

Sous le régime de la centralisation illimitée, la France n'est rien qu'une collection d'individualités isolées, le centre est tout.

Supposé la province émancipée, Paris n'est plus que la capitale tranquille et inoffensive des sciences, des arts et de l'industrie, en même temps que la capitale paisible du pays. La nation groupée en cohortes, en bataillons, en armée, est organisée pour la résistance ; elle a désormais une force au service de sa volonté ; une force puissante, immense, contre laquelle les révoltes se briseront comme le verre projeté contre un roc.

Lancez en ce moment de Paris par le télégraphe une révolte sur la France, elle la pénétrera, elle s'y infiltrera jusqu'en ses couches les plus ultimes ; mais supposez la France en possession de ses franchises municipales, la révolution trouvera devant elle dix millions de Français qui le sabre au poing lui crieront : « arrière, on ne passe plus. »

Nous serions délivrés pour toujours du cauchemar de Paris conquis par l'émeute : l'émeutier lui-même renoncera à son métier, quand, au lieu d'un empire, il n'y gagnera que des horions. A quoi lui servirait désormais la conquête de Paris ? Il trouverait la famine assise aux portes de la ville, et au-delà du mur d'enceinte un mur de baïonnettes et de canons, épais comme la France. La restauration des libertés communales serait donc à la fois la fin de l'émeute politique, et l'extinction de la race des émeutiers.

Ainsi l'émancipation des provinces et des communes, cet épouvantail séculaire de tous les gouvernements, serait le salut du pouvoir, comme celui de la nation : elle délivrerait lui et nous du péril d'une centralisation absolue et de l'endémie des révolutions.

Mais ne l'oublions pas : la liberté des communes et des provinces, la liberté électorale, la liberté de suffrage universel ne peuvent s'établir et subsister qu'à l'abri d'un Sénat dominateur. A son ombre, toutes ces libertés florissent, salutaires, impérilleuses ; privées de ce suprême modérateur, le suffrage universel emplit les Chambres de démagogues socialistes, de césariens bonapartistes : la révolution trône au siège du gouvernement, la liberté communale brochant sur le tout, ne sert plus qu'à hâter la dissolution générale.

VIII

DE L'ÉGALITÉ

Les hommes naissent tous inégaux en qualités, et tous égaux en droits.

L'inégalité des qualités et l'égalité des droits sont deux lois primordiales de l'humanité.

Tout le monde reconnaît l'évidence de la première loi, l'inégalité de la capacité ; nous savons tous qu'il n'y a jamais eu sur terre un homme identiquement semblable à un autre homme.

Les grandes religions, le judaïsme, le boudhisme, le mahométisme, le christianisme affirment que tous les hommes sont égaux ; la philosophie le proclame comme un axiôme et la politique commence à y croire ailleurs qu'en Amérique.

Toutes les sociétés primitives à forme théocratique, despotiques ou monarchiques ont été ou sont régies par la première loi ; elles méconnaissent absolument la seconde. A mesure que l'état social se développe, on voit poindre et grandir l'égalité. Les premiers rudiments en apparaissent dans les gouvernements aristocratiques, mais le fait n'acquiert son évolution complète que dans la république.

Il y en a qui entendent par égalité le ravalement de tous sous le même niveau. Le nivellement n'est pas l'égalité, il n'en est que la corruption : il est la négative de cette grande loi antérieure et supérieure, l'inégalité. Étendre l'homme, corps et intelligence sur le lit de Pocruste, vouloir nous réduire tous à la même mesure physique et morale, c'est le comble de l'absurdité.

L'égalité, c'est le droit égal pour chacun d'exercer ses droits naturels. J'ai, comme tous mes concitoyens, autant mais pas plus qu'eux, le droit d'aller, de venir, de demeurer, de sortir : j'ai le droit de penser, de croire, de manifester ma croyance par parler et par écrire ; j'ai droit à la protection de la force publique, à être jugé par la loi commune ; j'ai le droit de souveraineté ; enfin j'ai le droit de partager les avantages et les charges de la communauté, voilà la véritable égalité.

Mais je n'ai pas le droit d'être maréchal de France, président de la Cour de cassation, membre de l'Institut, professeur d'analyse au collège de France, si je ne suis pas capable de remplir ces fonctions. Je n'ai pas le droit, moi, voyou de Belleville, ou Grand-Guillot de Chambrouté, ne sachant A ni B, de me hausser sur mes sabots pour atteindre à la hauteur de Descartes, de Laplace, de Lamartine : ou de raccourcir les géants pour les réduire à ma taille de pygmée. Nous naissons tous citoyens, contentons-nous de n'être que ça si nos aptitudes naturelles nous condamnent à n'être pas plus.

II.

Les lois peuvent offenser ce grand principe de la démocratie, l'Égalité.

Le droit d'ainesse, le partage inégal, le droit de tester, l'immobilisation de la propriété, l'impôt progressif sont des atteintes faites à l'égalité — de même que la noblesse héréditaire et le privilége de l'article 75 de la constitution de l'an VIII.

Elle le viole encore en exemptant du service militaire les instituteurs et les élèves de certaines écoles ; en instituant des tribunaux d'exception.

Enfin toute admission, tout avancement dans les fonctions administratives et judiciaires, toute promotion dans les grades de l'armée, qui n'est pas soumise à des règles fixes et inviolables est une violation de ce principe fondamental. Quand ces règles font défaut, ou ne sont pas sévèrement observées, c'est l'intrigue, la faveur, le népotisme, la corruption, l'influence des femmes et non le mérite qui font les nominations.

Tous les droits sont imprescriptibles et inaliénables, mais tous sont limitables et limités, sans que cette restriction du droit général et universel puisse être dite blessante pour l'égalité. Ainsi la liberté de la presse finit où ses excès commencent, il n'est pas licite à la liberté religieuse portée à ses dernières limites, de saper la société, d'aspirer à la domination de l'État, d'outrager la morale publique. Tous les jours les tribunaux suppriment temporairement ou à perpétuité la liberté individuelle des délinquants et des criminels.

Enfin le droit de souveraineté ou suffrage universel, qui met fatalement le pouvoir aux mains de l'ignorance et de la pauvreté devrait être borné comme tous les autres, il ne peut l'être que par un Sénat dominateur.

III.

Partout où l'égalité du droit s'établit, elle détruit les servitudes de l'homme et de la terre, elle abolit les priviléges, elle égalise les charges et les biens ; elle répand l'aisance, généralise et élève l'instruction, ouvre les portes à toutes les libertés, et fait participer un plus grand nombre d'hommes aux bienfaits de la civilisation.

Tant que l'égalité n'est que l'égalité devant la loi, elle est bonne, elle est juste ; mais quand elle déborde dans les mœurs, quand elle les gouverne et les domine, elle est le fléau de la démocratie. Sa rase passée sur les nations ravale tous les citoyens au même niveau, il n'y a plus ni rangs, ni supériorité ; une seule puissance surmonte tout, domine tout, et cette puissance absolue, souveraine, s'appelle multitude, la multitude tyran féroce, jaloux, impitoyable et imbécile.

Poussée par le caprice, l'intérêt ou la passion, la multitude viole effrontément les lois les plus justes et les plus libérales ; là-bas elle lapide dans le Nord les partisans de l'esclavage, et pend et brûle dans le Sud les abolitionistes. Ici elle tue M. de Mouéis et brûle son cadavre ; elle jette à la Seine les sergents de ville ; brûle ses prisonniers enduits de pétrole ; assassine les ôtages et met le feu aux quatre coins de la ville.

Là-bas elle a pour dogme la liberté de croire, de penser, d'écrire ; mais celui qui pense, croit, parle et écrit différemment qu'elle est *ostracisé* à l'intérieur à moins qu'il ne soit *lynché*.

Elle délègue le pouvoir judiciaire à ses élus : et à tous moments elle absout les condamnés de la justice et étrangle ou rôtit ceux que la justice acquitte.

Elle traite fort irrévérencieusement ses fonctionnaires et se complait à leur faire sentir qu'ils sont les esclaves et qu'elle est le sultan.

Sa législation protége l'instruction, la culture des lettres, le développement des sciences ; mais tout individu qui dépasse le niveau général par son intelligence ou l'étendue de son savoir, par une culture plus forte des lettres, ou même par sa sagesse, ou par son opulence, elle le punit de sa supériorité, non en se livrant avec lui à des persécutions effectives, mais en faisant le vide autour de lui, en l'emprisonnant dans un abandon qui l'isole de tout, mieux que des murs de cent pieds de haut ; toute supériorité est crime de lèse multitude.

Quand une démocratie est à ce point gangrenée d'égalité, elle perd les grandes institutions fruits d'une haute civilisation : la justice n'existe plus, les tribunaux sont infestés de vénalité ; tous les riches criminels échappent aux châtiments ; alors la multitude dont le sens moral est blessé, casse et refait les jugements à sa guise : la suprême autorité de la loi n'existe plus, à son défaut, le knife-bower et le révolver deviennent les défenseurs obligés et habituels du citoyen.

Chez un tel peuple, la culture des hautes sciences est négligée, le développement de l'intelligence refoulé, le progrès entravé. La richesse dissimule son or ; la science cache son flambeau, la poésie brise sa lyre, le génie ferme ses ailes, les ténèbres, d'épaisses ténèbres ne tarderaient pas à envelopper de leur nuit cette démocratie égalitaire, si les rayons de la civilisation européenne ne l'éclairaient d'une lumière incessante ; et pourtant cette égalité funeste ne suffit pas à nos utopistes, ils l'ont en grand mépris : celle qu'ils prônent est l'égalité absolue : égalité de travail, égalité de salaire, de loyer, du boire, du manger et du reste ; égalité d'ignorance et de pouvoir. Chacun à tour de rôle sera président de la République et sans doute professeur d'astronomie et de mathématiques transcendantes. Mais j'oublie que ces bonnes gens ont banni la science de leurs sociétés, comme autrefois Rome avait exilé les lettres et la philosophie grecque de sa République. Il est inutile d'insister sur ces démences. le flambeau de la science ne continuera pas moins d'éclairer le monde, malgré leurs anathèmes.

> Tandis que ces monstres barbares
> Poussaient d'insolentes clameurs,
> Le Dieu poursuivant sa carrière
> Versait des torrents de lumière
> Sur ses obscurs blasphémateurs.

Nous éviterons de glisser dans cette tyrannie de bas étage en introduisant dans nos institutions le respect des supériorités, et en développant dans les populations le sentiment moral qui nous porte à les honorer. Notre Sénat, représentation de la puissance intellectuelle dans toutes ses manifestations, point de mire de toutes les ambitions, où l'on ne monterait qu'à la condition de l'honorabilité de la vie et de la dignité des mœurs serait le plus fort obstacle à l'effacement des rangs : peut-être suffirait-il à faire pénétrer jusqu'aux couches ultimes de la population l'accoutumance au respect des diverses conditions sociales : mais il est si important que cette accoutumance devienne une habitude invétérée, un trait caractéristique des mœurs nationales, que c'est pour nous un devoir de ne rien négliger de ce qui peut la développer, la fortifier et l'accroître. Dans ce but, il sera bon de faire enseigner ce sentiment de respect dès la salle d'asile et d'en prolonger les leçons jusque dans l'enseignement supérieur, les idées imprimées dans le cerveau de l'enfant y demeurent adhérentes toute la vie.

L'État à son tour peut donner cet enseignement aux

générations adultes par ses institutions. Ces institutions par leur fonctionnement perpétuel seront des professeurs permanents dont le langage muet n'aura pas moins de persuasion que le langage parlé. L'État devra donc être le premier à se montrer honorant et vénérant le mérite, à prêcher d'exemple, la respectuosité aux populations, ainsi il fera entrer d'office dans les Conseils communaux et provinciaux les officiers, les magistrats, les fonctionnaires en retraite, les gradués des Facultés ; ceux des moindres grades dans le moindre conseil, ceux de grades plus élevés dans les conseils supérieurs, par exemple dans les communes rurales et dans les chefs-lieux de cantons : feraient partie du conseil municipal sans y être appelés par l'élection, de droit acquis, ceux qui, mariés et domiciliés dans la commune et majeurs, seraient bacheliers ès-lettres ou ès-sciences, licenciés en droit, docteurs en médecine : les officiers des armées de terre et de mer en retraite, les juges, les magistrats du ministère public, les professeurs de lycée, les percepteurs et les receveurs de l'Enregistrement etc., que l'âge ou les infirmités ont obligés à quitter leurs fonctions ; enfin seraient membres nés des conseils provinciaux, les députés, les sénateurs, les généraux, les membres de l'Institut, les recteurs d'Académie, les ingénieurs de première classe, les présidents des tribunaux, les directeurs généraux, les préfets, en un mot tous les hauts fonctionnaires mis à la retraite. Leur expérience des hommes et des choses, leur maturité, leur science des affaires et des lois, corrigeraient la faiblesse de ces assemblées, leur donneraient du poids et de l'autorité. Cette dignité conférée à ces anciens hauts fonctionnaires procurerait un travail agréable à leur vieillesse inoccupée et les consolerait d'un *exeat* que la vigueur de leur intelligence prouve souvent avoir été prématuré et enseignerait aux populations à honorer la science, la magistrature et les services rendus au pays en quelques fonctions que ce soit. Peut-être même, serait-il bon que le magistrat, le fonctionnaire civil mis à la retraite, conservât le titre de sa fonction, comme le militaire retraité garde le titre de son grade; il ne faut négliger rien de ce qui peut sauvegarder les rangs, maintenir les étages : distinction des conditions. Égalité des conditions devant la loi dans le train de la vie c'est le salut de la démocratie.

IV

L'égalité a pour corollaire deux faits immenses qui changent de fond en comble la société, et modifient profondément les conditions de la famille et de l'individu, ces deux faits sont : l'émancipation de la terre et le partage égal des successions.

Dans l'ancien régime, toute terre était inféodée, la terre inféodée restait propriété inaliénable du suzerain, le feudataire en avait la jouissance à de certaines conditions, il pouvait céder cette jouissance à des tenanciers, mais nullement la propriété que lui-même il ne possédait pas; le tenancier venait-il à quitter sa tenure par vente ou par décès, le seignenr, en en payant la valeur, pouvait la faire rentrer au fief : il y avait des fiefs où la tenure n'avait été concédée qu'à droit de retrait toujours pendant.

Cette privation du droit de posséder la terre était singulièrement odieuse à nos pères : tous les cahiers en demandaient expressément l'abolition.

Outre cette servitude, il y avait encore celles des majorats, des substitutions du droit d'ainesse. Pour que tous pussent posséder la terre avec un droit égal, il fallait briser les liens féodaux et les autres entraves dont la propriété était chargée ; il fallait en outre abolir le droit d'ainesse pour établir l'égalité des partages. C'est ce qui fut fait le 15 mars 1790, et le peuple put enfin satisfaire le plus ardent de ses vœux, posséder la terre en toute propriété.

Il n'y a que 85 ans que la terre est libre, il n'y a que 85 ans que fonctionne la loi de succession et déjà la plupart des grands domaines ont disparu, la loi du partage égal les divise et les subdivise ; à chaque génération qui s'éteint, elle reprend son œuvre et redivise les morceaux en morceaux plus étroits; beaucoup de propriétaires pour qui ces petites parcelles sont un embarras, les vendent aux paysans qui les payent très-cher: division, subdivision, morcellement, remorcellement, et finalement vente aux paysans voilà le sort de tous les grands et petits héritages ; tous ils iront s'engloutir dans la petite propriété : il n'y faut que du temps.

La suppression de la rente féodale a été le premier fondement de la petite propriété: partout où la terre était donnée à tenure, la suppression des droits féodaux a fait le tenancier propriétaire et l'a enrichi, là où il n'y avait pas de tenure, le paysan n'est pas devenu propriétaire, et est resté fermier : la vente des biens d'émigrés et des riches possessions du clergé a contribué encore au développement de la petite propriété, beaucoup de ces biens morcelés, ont été achetés par elle : mais la principale cause de ses progrès c'est le partage égal des successions, qui broye tous les héritages.

Ce que la loi de succession fait avec tant de rapidité, le luxe, l'oisiveté, la corruption des mœurs dans les hautes classes en hâtent encore la progression. On se ruine en folles dépenses, et l'on vend les terres pour payer les dettes ; on vend encore pour augmenter des revenus devenus insuf_fisants, la terre qui ne rapporte que 2 fr. 50 pour cent, à son oisif propriétaire, et qui aliénée doublera sa rente. Chaque jour livre grands, moyens et petits héritages à la bande noire, et chaque jour la bande noire les dépèce et en jette les débris sur le marché, le paysan achète tout, plus il acquiert, plus il accroit les moyens d'acquérir, chaque année le fait plus riche. Combien de communes je connais où il est le seul propriétaire ! combien d'autres où il ne reste plus que deux ou trois domaines à absorber ! Au train dont va le morcellement, il n'y aura plus dans un siècle de grandes propriétés ; toutes, hachées, auront passé par parcelles dans les mains de la population rurale, dans cent ans le paysan possédera tout le sol de la France, il sera le roi de la terre. C'est une immense, une radicale révolution ;

qu'a-t-il fallu pour la produire? Deux lois, rien de plus : l'émancipation de la terre, le partage égal des successions.

Et quel changement elles ont produit dans les campagnes et dans les populations des champs! qui les aurait vues en 89 et qui les reverrait en ce moment ne les reconnaîtrait ni l'une ni l'autre. Autrefois toute seigneurie, toute chatellenie, tous franc-alleu avait son manoir flanqué de **tours,** précédé de longues avenues, de cours d'honneur et de service, ombragé d'un bouquet de haute futaie qui le signalait au loin. Derrière le logis et y joignant était un vaste potager, aux côtés le verger, à la suite venaient la grande *jrée* et les charmilles. Pas un castel qui ne fut entouré de toutes ces pièces distribuées à peu près dans l'ordre indiqué, et indispensables à la demeure seigneuriale, autant que chaque pièce de son armure au feudataire quand il allait en guerre. Ces habitations que chaque siècle marquait de son empreinte, étaient si nombreuses qu'elles se touchaient : dans le parcours d'une lieue vous les eussiez comptées par dizaines. Ainsi parées de leurs hautes futaies, de leurs longues avenues, de leurs charmilles touffues, de leurs vastes prairies, ces demeures féodales souvent posées dans un site pittoresque, donnaient un charme et une grâce infinie à la contrée. Mais entre ces fraîches gentilhommières se cachaient de pauvres villages, triste amas de cabanes en ruines, sans fenêtres, sans meubles, où, me disait un vieux collecteur, je n'aurais pas trouvé à saisir une bélière de chaudron. On y voyait grouiller une population hâve, pouilleuse, déguenillée, affamée, vivant d'aumônes. Chaque matin de ces villages et des bourgs voisins les mendiants sortaient par bandes et allaient quémander le pain quotidien; aujourd'hui bourgs et villages sont presque rebâtis à neuf; les maisonnettes s'y élèvent chaque jour plus jolies, plus proprettes, plus coquettes. De larges baies garnies de châssis vitrés, d'auvents peints versent la lumière dans des chambres spacieuses, le mobilier y est propre et cossu ; auprès de la maison et y attenant est un jardin planté des meilleures espèces d'arbres fruitiers, vieilles et nouvelles. Et devant, une treille tapisse la façade de ses rameaux, on y plante même quelquefois des rosiers.

L'habitant de ces hameaux a changé comme sa demeure : Ce n'est plus le mendiant déguenillé à la mine basse, à l'allure humble que j'ai connu dans mon enfance, c'est un homme vêtu à l'ordinaire de hardes propres quoique d'étoffes grossières et souvent habillé de drap le dimanche : son corps est robuste, et ses traits ont pris hardiesse et virilité.

Ces faits ne sont pas particuliers à notre Poitou : la cause qui les a produits étant générale, elle a dû avoir les mêmes effets par toute la France. S'il est quelques provinces attardées par des circonstances particulières où la petite propriété ne soit pas encore née, observez ce qui s'y passe et vous verrez les populations rurales limitrophes suppléant à l'atonie ou à l'impuissance de la province retardataire, accomplir chez elle l'œuvre qu'elle n'a pu ou qu'elle n'a su faire, y créer la petite propriété. C'est ainsi que les cantons de Thouars, de Saint-Varent, d'Argenton-Château débordent sur le Bocage et le dévorent ; ceux d'Airvault, de Saint-

Loup et de Thénezans, sur la Gâtine, qu'ils s'approprient peu à peu; les mêmes faits s'observent au sud du département qui, à l'instar du nord, crée la petite propriété aux dépens du Bocage en y morcelant les domaines.

Mais voici que le Bocage lui-même se réveille et que comprenant ses intérêts, il se met aussi à acheter les biens morcelés. A l'heure où je parle il est peu de communes dans les arrondissements de Bressuire et de Parthenay où la petite propriété ne soit née; laissez-la faire et vous verrez que là où elle a germé elle ne tardera pas à pousser des jets vigoureux.

Mais bientôt à nos paysans de l'Aunis, de la Saintonge et du Poitou, la terre à acquérir va manquer. Que feront-ils? Ils se jetteront sur le Berry, sur le Limousin, sur le Périgord, qu'ils dévoreront tour-à-tour.

V.

Examinons maintenant les conséquences politiques de ces deux lois, — l'émancipation de la terre, le partage égal des successions.

Maître du sol de la France le paysan un jour sera le maître du pouvoir, il a les deux forces qui le donnent, le nombre et la richesse, il ne lui manque que de savoir qu'il peut, et de vouloir ce qu'il peut; à cette heure le paysan c'est Hercule au berceau. Ah ! si Hercule voulait, tout enfant qu'il soit, il dominerait la situation : qu'a-t-il à faire pour arriver là ? Choisir aux prochaines élections ses candidats lui-même, repousser ceux que lui recommanderont les partis — qu'il l'ose ? et ses représentants en immense majorité, couvriront les bancs des Chambres : les députés des champs n'accepteront point les utopies forgées à l'usine : les lois qu'ils feront consolideront et fortifieront la famille et la propriété ; elles délivreront la terre des impôts écrasants et ruineux de mutation et de succession, iniques, odieux et dernier reste des servitudes féodales. S'ils avaient leur raison d'être ces impôts, alors que la propriété n'était qu'une concession seigneuriale, aujourd'hui que le sol est émancipé, ils n'en ont plus aucune de survivre à la féodalité abolie.

La prédominance des députés de la terre dans les Chambres fera un contre-poids efficace à cette autre puissance qui s'avance de l'autre bout de l'horizon, la puissance ouvrière ; les députés de celle-ci, on ne saurait en douter, resteront fidèles à leurs fausses doctrines ; le député des paysans sera la barrière qui arrêtera court tous les essais et entreprises socialistes.

Une administration intelligente qui comprendrait toutes les conséquences de la liberté de la terre et du partage égal, en suivrait avec une attention inquiète les évolutions et l'extension incessamment croissante et sa prévoyance préparerait de longue main les populations rurales au rôle politique et conservateur, qu'elles sont invinciblement appelées à remplir dans un avenir prochain, — les ruraux sont notre force, sur eux reposent les destinées de la France ; ne laissons pas tomber cette immense puissance en des mains ennemies ; craignons que le socialisme ne la pervertisse ; n'oublions pas qu'elle a élevé l'Empire sur les ruines de la République de 48.

VI.

Il n'y a point de bien sans mal sur ce globe sublunaire : si la possession de la terre a rendu le peuple plus heureux ; si la petite propriété, conséquence de l'émancipation de la terre et de la loi de succession, a donné à l'État un soutien puissant et à la société un contre-fort indestructible, il faut l'avouer pourtant, le morcellement indéfini de la terre n'est pas sans grands inconvénients.

Le cultivateur perd son temps et sa peine à courir aux quatre coins de la commune pour cultiver ses lopins de terre. La fatigue et la perte de temps doubleront à chaque génération, un nouveau partage apportant un nouveau morcellement de l'héritage. On doit même supposer que l'émiettement du sol arrivera à ce point que le propriétaire laissera fricher ses parcelles de terre trop petites, n'ayant plus intérêt à les cultiver.

Le défrichement des coteaux est suivi de la dénudation des pentes, l'éboulement des terres dans les vallées, amène nécessairement la stérilité des sols inclinés. Or, le petit cultivateur devenu propriétaire d'un côteau ne manque jamais de le déboiser et de le défricher ; l'espérance d'une ou de deux belles récoltes, lui masque la stérilité absolue qui s'ensuivra.

Enfin, la démolition générale des châteaux, tantôt déchire une page de notre histoire, tantôt anéantit un des monuments de nos ancêtres, irréparables pertes pour les arts et pour l'érudition.

Qui indiquerait des moyens préventifs à opposer à ces inconvénients rendrait un vrai service au pays. — En voici quelques-uns que je propose avec doute.

Provoquer la réunion des parcelles de terrain par l'abolition de tous droits d'échange ; prescrire l'échange entre les propriétaires d'une même commune ou de communes adjacentes, quand les morceaux ne sont pas attenant à l'habitation ; prohiber le défrichement des pentes dont l'inclinaison dépasse 40° et ordonner de les ensemencer en bois. — Enfin accorder de substituer l'habitation avec 30 ou 40 hectares y attenant.

Nous avons vu tomber autour de nous, sous le marteau des démolisseurs, les châteaux de Richelieu, et de Boisbonnivet ; pour sauver celui de Thouars de la ruine, on en a fait une prison : on eût mieux fait de le vendre à ses anciens propriétaires ; celui d'Oiron incline à la destruction : — le château de Philippe de Commines a été brûlé par les bandes de Grignon en même temps que la ville d'Argenton ; la magnifique forteresse féodale de Bressuire va bientôt être enfouie sous ses débris ; *etiam perierunt ruinæ:* de celle de Savary de Mauléon il reste à peine quelques vestiges. Qui nous sauvera ce qui subsiste encore des monuments de nos pères auxquels sont attachés le souvenir de leurs noms et de leurs actes ? l'État n'y peut suffire, les villes sont trop pauvres, trop besoigneuses, et souvent dans leur ignorance elles sont les premières à abattre et à détruire les œuvres des âges passés. Nous avons vu la main de l'homme, hâtant l'œuvre du temps, raser les tours et le donjon de la forteresse de Parthenay ; nous avons vu la ville de Bressuire démolir la porte Labatte devant laquelle Duguesclin avait écrasé les bandes d'Anglais échappés à la défaite de Pont-Valin, fait d'arme, qui eût dû la sauver à jamais de la destruction. Mais quelles villes gardent la mémoire de leur passé ? Il faudrait leur apprendre leur propre histoire, pour leur inspirer l'amour de la conservation ; quant aux monuments devenus propriétés particulières, je ne sache que la substitution qui puisse les garantir des démolisseurs et de l'abandonnement d'héritiers pauvres, oublieux, avides ou dilapidateurs. Ce droit de substituer son habitation conserverait aux familles leur nid héréditaire avec tous les souvenirs, il n'y aurait pas lieu pour si petite barrière opposée au morcellement, de crier à la résurrection de la féodalité. Et qui donc ne se réjouirait à la pensée que le toit où il a vu mourir son père et sa mère, où il est né, où il va bientôt quitter la vie, continuera d'être la demeure de quelqu'un des siens ? Quel est le savant, l'artiste, l'homme de lettres, l'homme attaché à son pays qui n'applaudirait pas au seul moyen qu'il y ait peut-être de sauver les monuments restant de notre histoire, et de l'art de nos aïeux ?

Mais la petite propriété a une autre conséquence bien plus grave, bien plus fâcheuse que toutes celles que nous avons indiquées : la petite propriété n'a plus d'enfants, elle n'en fait plus ; elle n'en veut plus, pour elle une famille nombreuse est un embarras, une cause de malaisance, et de misère future pour la descendance.

Au contraire, chez les fermiers les enfants pullulent. C'est que pour lui, les enfants sont la richesse, la propriété affermée est donc favorable au progrès de la population, et la propriété cultivée par son possesseur a pour conséquence la dépopulation de la campagne.

Or, comme la marche des choses nous apprend que la ferme disparaît tous les jours, que la petite propriété va toujours grandissant, il s'ensuit la conclusion nécessaire, que l'amoindrissement de la population rurale ira toujours croissant.

Pourtant de longtemps encore nous n'avons à craindre que le peuple des villes l'emporte par le nombre sur celui de la campagne, et il est possible que tout en marchant vers l'équilibre, il ne l'atteigne jamais.

Contre cette dernière conséquence du morcellement de la terre je ne sache aucun obstacle à opposer. Le raisonnement, la morale, le patriotisme, la religion, tout cède devant la puissante action de l'intérêt.

IX

DE L'INÉGALITÉ ET DE L'ARISTOCRATIE
DE LA DÉMOCRATIE

I

Dieu nous a créés égaux en droits, mais inégaux en
qualités, en capacités; dissemblables de goût, d'inclinations,
d'habileté, et divers de destinées, afin qu'en la communauté toute fonction fût remplie, tout besoin fût satisfait,
tout travail nécessaire à la vie et au progrès exécuté. Il y
a dans l'humaine association des occupations pour toutes
les aptitudes, des aptitudes pour toutes les occupations.

L'inégalité est la loi naturelle de l'humanité; loi primordiale, antérieure à l'état social puisqu'elle est inhérente
à l'organisme individuel. Vouloir l'anéantir est absurde;
n'en pas tenir compte dans la construction du mécanisme
politique, c'est violer la première loi de l'espèce. L'État

qui le fera en subira les fâcheuses conséquences et en re-
cueillera de tristes fruits. Aux États-Unis, la haine de
l'inégalité a produit la tyrannie de la multitude, l'affaiblis-
sement de l'autorité de la loi, le mépris de la justice et
toutes les tristes mœurs qui, naturellement, découlent de
ces faits.

La démocratie assise sur les deux grandes lois primitives, l'inégalité des qualités, l'égalité des droits, ne présente ni la plane surface de la République américaine, ni
les orgueilleuses hauteurs de l'aristocratique Angleterre, ni
les cimes sourcilleuses des autocraties. Elle a l'aspect d'une
pyramide de médiocre hauteur, élevée sur une large base,
formée d'assises qui se rétrécissent graduellement et ter-
minée par les pouvoirs représentatifs du peuple. Ces étages
ne sont point séparés par une ligne de démarcation
infranchissable, comme celles qui enceignent les castes ;
au contraire, ils sont ouverts à tous, pénétrables par tous
les talents, accessibles à tous les mérites, même à la richesse ; à la capacité seule, les fonctions : à la richesse
comme à la capacité, le rang.

II

La richesse est un moyen par lequel le travail et l'économie peuvent faire gravir à la médiocrité tous les degrés
sociaux et la maintenir dans les hautes régions. Si elle
n'avait pas cet expédient pour s'élever, elle serait con-

damnée à une infériorité perpétuelle. Tous les avantages
sociaux seraient le lot exclusif de ceux que la nature
aurait favorisés de grandes aptitudes : seuls ils auraient
les fonctions, seuls les honneurs et les dignités, seuls les
émoluments. A la disgrâce irréparable du sort qui frappe
la médiocrité, s'ajouterait le malheur d'être vouée à une
abjection sociale, perpétuelle et fatale. Ce serait un
malheur et par surcroît une injustice : oui, une injustice
puisque vous priveriez d'une récompense honorifique,
qui certes leur est due, deux grandes vertus sociales, le
travail et l'économie, pères honnêtes et légitimes de la
richesse, vrais fondements de la société humaine.

Du reste, il est inutile d'insister sur ce point : on aura
beau faire, jamais l'on n'empêchera la richesse d'avoir une
haute et large position dans la société. Elle est puissance,
elle saura bien se faire faire place. Mais il dépend de nous
de flétrir, de repousser la richesse mal acquise, fruit de la
rapine, du vol et de la prostitution. Il y a immoralité à
accorder à celle-ci le moindre rang, bassesse criminelle
d'accourir à ses fêtes, jamais on n'aura assez de mépris
pour celle-là : au contraire, faisons bon accueil, accordons
le rang et une distinction honorable à la richesse qui
découle de la pure et honnête source du travail, de l'ordre
et de l'économie. Les mœurs ont grand besoin de se réfor-
mer sur ce point. Je veux dire, qu'en apparence au moins,
on prise trop le fripon riche, et que l'on n'estime pas assez
haut l'honnête homme qui, dans le commerce ou l'industrie, a
su faire une grande fortune. J'entends dire quand on parle

d'eux : « gens de rien ». O vous, gens de quelque chose, si vous aviez été à leur place, auriez-vous fait autant qu'eux? Convenez qu'avec le travail et l'économie, il faut souvent à ces esprits médiocres, du génie pour édifier leurs colossales fortunes, et toujours assurément un courage opiniâtre, une persévérance que rien ne rebute : il y a là de la grandeur, et une sorte d'héroïsme.

III.

Dans le système de la démocratie basée sur ces deux lois fondamentales, l'égalité des droits, l'inégalité des qualités, chacune peut trouver une honorable place sans que la supériorité ait à souffrir, ni l'infériorité à rougir, parce qu'il y a entre tous un lien commun, l'égalité des conditions et des droits devant la loi qui, politiquement et civilement, nous élève tous à la même hauteur. Nous devons donc sans baisser la tête, sans sotte honte, porter allégrement les inégalités fortuites ou naturelles qui casent chacun de nous dans des rangs plus ou moins bas.

Le rang est un corollaire de l'inégalité de la capacité, il est une loi naturelle et sociale, il est le frein nécessaire de la démocratie qui, sans lui, tombe sous la tyrannie de la multitude.

IV.

Avant de réédifier la société rasée jusqu'en ses fondements, la grande Constituante proclama les droits de l'homme ; dans sa célèbre déclaration elle constata l'inégalité individuelle et posa comme loi naturelle les droits de la supériorité : chacun, dit-elle, selon son mérite, sera appelé à remplir les fonctions publiques.

Donc, elle exclut les incapables, et puisque chacun y doit être appelé selon son mérite, les moindres devront être appelés aux moindres et les plus habiles aux plus hautes.

Cette loi naturelle mise en lumière pour la première fois par la Constituante et établie comme principe politique, chacun de nous, à quelque condition qu'il appartienne, la pratique d'instinct, dans le cours ordinaire des choses de la vie : que deux individus s'acheminent de concert vers un but, avant qu'ils aient marché cent pas, l'un a pris la tête et l'autre, spontanément, suit ses traces ; à l'usine, dans l'atelier, le travail est strictement ordonné selon la loi de l'inégalité : les plus habiles commandent et dirigent ; après eux viennent les médiocres ; derrière ceux-ci, les moindres ; puis tout-à-fait en bas les apprentis. Est-ce que dans nos associations particulières quelle qu'en soit la fin, sciences, lettres, bienfaisance, industrie, nous agissons autrement ? Toujours nous donnons la gérance à ceux que nous estimons les plus capables, partout et en tout temps il en a été ainsi, même quand on la viole, cette loi, on croit l'observer : en élisant un moins digne, on croit avoir choisi le plus méritant. Cette loi qui régit les sociétés particulières, doit être la loi fondamentale des sociétés. Là plus qu'ailleurs il importe que les meilleurs soient appelés au gouvernement de la chose publique. Les bases essentielles d'une constitution démocratique sont donc l'égalité des droits pour tous et la suprématie aux plus dignes. En disant : « au peuple la souveraineté, aux capables le gouvernement », la Constituante nous a indiqué qu'une aristocratie est nécessaire à la démocratie et quelle est la sorte d'aristocratie qui lui convient.

V

La moindre notion de l'histoire des peuples apprend que les États les plus puissants, les plus prospères, les plus durables, dans l'antiquité comme dans les temps modernes, ont été les aristocratiques.

L'Egypte divisée en castes murées a été l'*alma mater* de la civilisation occidentale, et peut-être même de l'orientale. Elle a duré dix mille ans.

L'Inde soumise au même régime, subsiste depuis cinquante siècles, malgré les conquêtes grecques, arabes, mongoles, persanes, anglaises; par son génie littéraire artistique et philosophique, par sa religion, sa science et sa langue, elle est une des plus grandes nations de la terre.

La Chine date de trois mille ans avant notre ère; dès son origine, elle a eu, ce semble, la même forme politique qu'aujourd'hui c'est-à-dire le gouvernement des capacités. Son organisation particulière, qui a rassemblé sous un même sceptre quatre cents millions de sujets, sa religion qui consiste dans un pur déisme et dans le culte des ancêtres, ses qualités intellectuelles, son habileté de la main, ses habitudes de travail et d'économie, la forte constitution de la race chinoise, sa prolificité et son nombre, tous ces éléments de force et de puissance réservent à ce peuple de grandes destinées. Sa halte dans le progrès où il nous avait fort anciennement devancés, n'est qu'un temps d'arrêt ; que sous l'impulsion de notre civilisation il se réveille de son engourdissement et se remette en marche, qu'il s'approprie nos arts et nos sciences, il nous devancera peut-être de nouveau, mais à coup sûr, muni de toute la puissance que la civilisation mettra à son service, cette mer d'hommes agitée par l'ambition, la jalousie et la cupidité, un jour déversera sur le monde ses flots gigantesques.

Rome a été, à un certain moment, la plus puissante nation du globe. Sa puissance a cessé de croître et a commencé à baisser, alors qu'elle a passé sous le sceptre des Césars.

Venise, une simple cité, comme Rome, a dû sa longue existence et sa grande prospérité à son aristocratie.

Elle serait encore aujourd'hui la reine des mers, si l'isthme de Suez avait été coupé quatre cents ans plus tôt.

Combien vaste est la domination de l'Angleterre ! à quelle cause doit-elle son immense prospérité ? A la forme aristocratique de son gouvernement. Comparez-lui la monarchique Espagne : celle-ci a eu un empire plus vaste que n'est celui de la Grande Bretagne, et de ce faîte elle est descendue aujourd'hui au troisième ou quatrième rang des nations, et elle ne s'arrêtera peut-être pas là.

Il est donc évident que le gouvernement de l'aristocratie apporte aux nations solidité, puissance, richesse, durée, (je devrais ajouter les sciences, et les arts), et qu'il y a dans l'essence de cette forme politique une force intrinsèque qui fait et développe la prospérité. — Ce serait donc folie à nous de négliger cet élément de succès, de progrès et de vitalité, si tant est que nous puissions nous le donner ; folie surtout, si, comme nous l'avons démontré, l'aristocratie est nécessaire à l'indépendance et à la liberté de la démocratie.

Depuis que nous avons proclamé le dogme de la souveraineté nationale nous n'avons fait que passer de la démagogie au despotisme, du despotisme à la démagogie. Nous avons eu d'assez longs intervalles de repos sous le régime parlementaire, mais ce régime appliqué à une démocratie privée d'aristocratie, n'a pas pu durer. Trois fois il a été renversé et toujours il le sera si vous ne l'abritez sous une aristocratie puissante et dominatrice, il faut donc à la France une aristocratie : laquelle?

Théocratique en Egypte et dans l'Inde, instituée en de certains États sur la noblesse, en d'autres sur la richesse, l'aristocratie est établie en Chine sur la capacité.

De ces quatre aristocraties, quelle est celle qui convient, non pas seulement à la démocratie française, mais à toute démocratie qui veut vivre libre, et garantie de la tyrannie?

Évidemment la France, sinon tout entière du moins en

grande majorité, repousse l'aristocratie de la théocratie.

L'aristocratie de la noblesse n'est plus à redouter. La noblesse a cessé de vivre en 89, elle est morte, bien morte et les Dieux seuls savent ressusciter les morts! Si un homme eût pu faire ce miracle c'eût été Napoléon Ier, il sentit d'instinct, de génie, qu'à notre démocratie, il fallait une aristocratie et crut que la noblesse antique ou son simulacre, la noblesse nouvelle taillée sur le vieux patron, serait cet organe salutaire ; son génie fit fausse route. Vainement, il essaya de galvaniser le cadavre : tout ce qu'il put faire ce fut de le dresser sur ses pieds, mais y ranimer le feu de la vie il ne le put. Durant quatre à cinq règnes successifs, on a fait, à son imitation, d'énergiques efforts pour revivifier la mort. Toutes ces tentatives opiniâtres n'ont servi qu'à montrer la vanité de l'entreprise. Le succès était impossible parce que la noblesse ne peut subsister que par les priviléges, or, les priviléges et les servitudes de la terre sont à jamais abolis : l'aristocratie de la noblesse est donc impossible dans ce pays.

De l'antique et de la nouvelle noblesse il ne doit plus rester que les noms et l'histoire : la patrie reconnaissante pour les nobles personnages qui l'ont glorieusement servie, garde fidèlement leur mémoire ; et remarquez que cette reconnaissance du pays, continuée d'âge en âge, persistant à travers les siècles d'entourer de son noble éclat ces noms illustres, n'est pas un mince héritage pour les familles qui les portent, c'est à coup sûr la plus belle part du patrimoine des aïeux ; personne ne sera tenté de la disputer à leurs descendants et cette succession n'est pas seulement un honneur, elle est aussi une richesse légitime.

L'aristocratie de la fortune ne nous est pas plus sympathique. De quel droit des sacs d'écus ou des milliers d'hectares viendraient-ils réclamer le gouvernement de l'État, le pouvoir législatif, ou l'entrée au Sénat ? L'or ne fait ni les grands ministres, ni les grands politiques, ni les grands hommes de guerre ; il n'est ni la poésie, ni l'art, ni le savoir, ni l'héroïsme — il est une force brute, comme le vent qui souffle, et la rivière qui coule, rien de plus : or, une force brute n'a pas plus droit au gouvernement des hommes que le hasard de la naissance.

Mais il est une quatrième aristocratie qui germe dans tous les rangs, éclate à tous les étages sociaux, naît dans tous les coins et recoins du pays, et plus souvent peut-être dans les assises inférieures que dans les hautes régions de la société, parce qu'elle est fille du travail autant que bienfait de Dieu, et que si la providence sème partout les dons, c'est surtout dans les clases infimes où le travail est aimé et pratiqué. Cette aristocratie est tout ce qui a intelligence, science, talent, capacité, à quelque condition qu'il appartienne, et quelle que soit son origine. Cherchez et vous la trouverez disséminée partout dans vos académies, dans vos universités, dans l'armée et sur la flotte, dans vos tribunaux et dans vos administrations, parmi les industriels et les agriculteurs, au fond de vos ateliers, sur tous les points du territoire continental et colonial, au sein des familles les plus pauvres et les plus ignorantes

comme dans les familles de la bourgeoisie et de la noblesse ;
de quelque race qu'elle sorte, à quelque couleur qu'elle appartienne c'est la vraie aristocratie, l'aristocratie légitime
et naturelle, l'aristocratie du mérite, des **talents**, de l'intelligence des services rendus, et je l'appelle de son nom
propre : l'aristocratie de la démocratie, **parce** qu'elle est
issue du peuple, qu'elle est le peuple lui-même dans **sa**
partie la plus exquise. Voilà l'aristocratie qui convient à
notre démocratie, celle qu'il faut mettre à la tête de la
nation pour la guider : au-dessus des pouvoirs exécutifs et
législatifs pour les séparer, les modérer, les contenir, les
unir, et au besoin les réprimer.

VI.

Il ne vous a pas échappé que la population de **la France**
est scindée en deux parties bien distinctes, que l'on a parfaitement qualifiées par deux mots bien significatifs: l'habit et
la blouse. L'habit et la blouse forment deux camps séparés
par une sorte d'hostilité sourde, qui se sent plutôt qu'elle
ne se voit. Ni les idées religieuses, ni les opinions politiques
ne sont les causes de cette division de la nation en deux
camps. Il faut en chercher la source dans la différence des
manières, des occupations, des mœurs, de l'éducation, du
langage et enfin du vêtement. Entre ces deux moitiés de
notre démocratie, il y a donc une ligne fâcheuse de démarcation, qu'il faut faire disparaitre. Tant qu'elle subsistera,

subsistera l'envie et la haine de la blouse contre l'habit, et peut-être un inconscient dédain de l'habit pour la blouse. Qui trouverait le moyen de souder les deux tronçons et de faire disparaître la trace de la soudure en confondant ces deux moitiés de la nation, en faisant des deux un seul tout, rendrait à la France un signalé service. Il étoufferait d'un seul coup mille germes de désordres sociaux et politiques.

Eh bien ! nous croyons que l'institution de l'aristocratie de la démocratie aurait cet effet. La jalousie de la blouse n'est que la jalousie d'une supériorité à laquelle elle ne peut atteindre. Montrez-lui qu'il dépend d'elle d'en franchir le seuil et d'en monter tous les degrés ; que c'est par le travail et la bonne vie qu'on peut y pénétrer, et que la blouse aussi honnête que l'habit et plus travailleuse, en gravira plus sûrement les sommets ; que plus nombreuse, elle y occupera plus de places ; et la haine envieuse de la blouse, ses colères injustes, si elles ne tombent pas devant vos raisonnements, céderont à l'expérience qui leur montrera, elle et les siens, assis sur la chaise curiale.

VII.

Sans doute, les éléments de l'aristocratie existent dispersés et dissociés dans le corps social, mais ils ne sont pas l'aristocratie ; pour constituer l'aristocratie, pour en faire un corps vivant, il faut dégager ses éléments de la gangue populaire, les rassembler, les coordonner, en former un seul

corps et douer ce corps de puissance et d'énergie propor-
tionnelles et correspondantes aux fonctions qu'il aura à
remplir.

Nous avons dit au chapitre III, l'organisation de ce corps,
nous n'y reviendrons pas.

Quelles seront les fonctions de l'aristocratie de la démocratie ? Un seul mot les résume : l'aristocratie sera la raison de la France, c'est-à-dire son intelligence et sa mémoire.
Elle modérera les pouvoirs, préviendra leurs excès et arrêtera leurs luttes ; elle gardera dans son souvenir comme dans
un trésor sûr et inviolable les grandes conceptions, les
vastes desseins, les longs espoirs, qui apporteront gloire,
grandeur et développement au pays, et les produira dans
les temps favorables à leur réalisation ; elle excitera la nation aux grandes entreprises industrielles et commerciales ;
les corps savants, à la recherche, à la diffusion de la vérité et à son application aux arts et au bien-être social ;
elle poussera le gouvernement aux améliorations morales et
matérielles ; instruction publique, hygiène populaire ; fervoies, canaux navigables, canaux d'irrigation ; retenues
d'eau aux sources des fleuves, formation de lacs artificiels
pour prévenir les inondations et alimenter les canaux navigables et d'irrigation ; desséchement des marais, refoule-
ment de la mer, reboisement des pentes et repeuplement des
rivières, telles seront les fonctions de l'aristocratie et de la
démocratie.

Est-ce qu'à l'instar des autres peuples, le nôtre jalousera,
exécrera son aristocratie ? Non, au contraire.

Elle n'a point de priviléges offensifs de son orgueil ou de ses intérêts ; son pouvoir est ennemi de la tyrannie et du désordre, il est protecteur et bienfaisant, le peuple reconnaissant l'entourera de respect, d'amour et de dévouement ; il sait qu'elle est née de lui, formée de lui, recrutée dans lui ; il a l'espoir d'y voir ses enfants associés : quelques-uns de ceux qui la composent déjà, ne sont-ils pas ses parents, ses amis, ses connaissances ? Ah ! loin de haïr la pairie démocratique, la population française l'aimera comme sa fille ainée, comme sa fille bien-aimée, formée du plus pur de son sang, fruit de ses meilleurs instincts, émanation de la flamme la plus épurée de son âme : et pourquoi donc la haïrait-il ? Parce qu'elle est un frein, un chasse-pierre ? Mais les freins sont des organes de salut dans les descentes comme celles du Righi ; mais les chasse-pierres sont nécessaires pour expulser les obstacles que des mains criminelles assemblent sur la voie. Mais si elle est frein, elle est aussi providence : une providence qui veille aux besoins physiques, moraux, intellectuels du pays, à sa sécurité, à son développement, à sa gloire. Ah ! loin de la haïr et de la maudire, les populations aimeraient et béniraient une institution qui leur apporterait l'ordre et le progrès et fermerait le puits de l'abîme.

VIII.

La noblesse française ayant conquis l'Angleterre, s'y

constitua en un corps politique dominateur, qui garda pour lui la souveraineté.

La bourgeoisie en 89 fut moins habile que la noblesse en 1066. — Après avoir conquis la souveraineté nationale elle ne sut pas la garder pour elle ; elle ne sut pas fixer les pouvoirs politiques dans les classes intelligentes par de fortes institutions. Au lieu de les faire dominatrices et de leur attribuer à perpétuité la haute direction de la chose publique, elle abandonna la souveraineté aux classes infimes et constitua le pouvoir exécutif et la représentation nationale en antagonisme. Trois mois après la promulgation de la constitution, cette triste organisation croulait écrasant le trône de ses débris.

Une seconde fois, en l'an III, la bourgeoisie mit au monde une constitution nouvelle, elle crut par l'invention du Conseil des Anciens avoir paré aux défauts de sa première œuvre — hélas ! pour avoir été un peu moins infirme, la constitution n'était pas plus viable — elle succomba sous les coups des conspirateurs après une durée de cinq années.

En 1830, elle commit la même erreur qu'en l'an III : elle ne créa point un Sénat dominateur, elle affaiblit celui de Louis XVIII, qui péchait déjà par défaut de puissance.

En 1848, la bourgeoisie constituante s'enfonçant de plus en plus dans l'erreur, supprima toute apparence de pouvoir modérateur : la constitution vécut deux ans.

Et, tel est l'aveuglement de cette bourgeoisie, qu'à l'heure où j'écris ces lignes elle est occupée à commettre pour la cinquième fois la faute quatre fois commise, elle introduit dans la constitution de 1875 l'antagonisme promoteur de toutes nos révolutions et n'institue pour le combattre qu'un Sénat sans armes, sans puissance, inerte. On peut donc lui prédire hardiment que sa cinquième œuvre n'est pas née viable et que de ses sœurs aînées elle aura le sort.

Ainsi ni les erreurs commises par nos pères, ni les erreurs identiques des rois et des empereurs, ni ses propres erreurs, n'ont éclairé la bourgeoisie chargée pour la cinquième fois de pourvoir à nos destinées, et pourtant cette cinquième Constituante avait une expérience qui manque aux précédentes et dont la lumière devait suffire pour l'éclairer et la guider, je veux dire le scrutin de 1848 pour l'élection du président. Les 1,500,000 voix données à Cavaignac, les 6,000,000 à Louis-Napoléon auraient dû lui démontrer que la démocratie raisonnable est à la démocratie passionnée comme 1 à 4 et que confier les destinées de la France à celle-ci quand on pouvait les remettre à l'intelligence de celle-là a été une énorme erreur et une immense faute.

C'est donc avec raison que l'aristocratie de la noblesse reproche à la bourgeoisie son incapacité politique et son impuissance à édifier un gouvernement viable.

« Vous avez détruit, lui dit-elle, une monarchie huit
« fois séculaire, parce que ses institutions étaient surannées,
« pourries de vétusté ; mais la monarchie avec ses imper-
« fections a duré 800 ans, elle a fait la France grande,

« prospère que nous avons connue, tandis que vos dix
« constitutions avec tous leurs perfectionnements n'ont vécu
« en moyenne que huit ans ; elles ont péri misérablement
« dans les convulsions de la guerre civile ou de la guerre
« étrangère, laissant finalement la France épuisée et amputée
« de deux de ses plus belles provinces. » Voilà le langage
logique que vous tient la noblesse, voilà les justes récrimi-
nations qu'elle vous adresse.

Elle a grandement raison, l'aristocratie de la noblesse,
quand elle accuse notre impéritie, notre inintelligence et
notre ignorance obstinée des conditions du bon et solide
gouvernement de la démocratie.

Le reproche que nous adresse le parti monarchiste, est
d'autant plus fondé qu'après avoir manqué quatre fois l'occasion de fixer dans nos mains la souveraineté flottante,
nous avons manqué la cinquième en n'instituant pas le Sénat
dominateur par qui elle aurait été rendue permanente.

Ce Sénat n'excluant aucune classe, appellant à lui tous
les mérites, toutes les capacités, sans distinction d'origine,
ouvre à la noblesse récemment spoliée de ses priviléges féodaux par la bourgeoisie et plus anciennement de ses
droits souverains par la royauté, les portes d'une institution
où elle retrouverait l'exercice de la souveraineté qu'elle a
perdue. Par ce seul motif, l'aristocratie de la noblesse qui
est aujourd'hui votre antagoniste le plus prononcé, deviendrait dans un prochain avenir le plus ferme soutien de
votre gouvernement, elle hait la bourgeoisie qui l'a spoliée,
elle hait la démocratie source d'éternels désordres ; prou-

vez-lui que vous pouvez établir un gouvernement solide et durable, et vous verrez qu'elle en sera un ferme soutien ; montrez-lui que la voie à tous les pouvoirs lui est ouverte comme à tous, et, bien que cette voie non privilégiée soit de droit commun, vous la verrez abjurant ses vieilles rancunes, et renonçant à ses antiques préjugés, se rallier à votre religion politique. Un jour vous n'aurez pas plus de fervents dévots à la République que la vieille aristocratie de la noblesse. Si elle comprenait bien ses intérêts, et jugeait bien sa situation, elle verrait qu'elle aurait à remplir sous la République un rôle plus indépendant, plus libre, et non moins glorieux que sous la monarchie. Au lieu de bouder elle se rendrait à l'appel des populations qui l'invitent à marcher sur les traces de ses ancêtres et à mériter comme eux par ses services la reconnaissance de la patrie.

X

DU ROLE DE LA FRANCE DANS LE MONDE.

Mes bons amis, les paysans des plaines d'Assais et de Saint-Jouin-lez-Marnes, ont croyance que celui-là ne tardera guère à mourir, qui, après une vie rude et laborieuse, cesse tout-à-coup de travailler, soit parce que ses forces s'affaiblissant, il sent le besoin de repos, soit parce qu'ayant gagné une suffisante aisance, il se complaît à passer ses derniers jours dans le loisir et le bien-être; ils prétendent que cette théorie est applicable à gens de tous métiers, de tous états, de toutes fonctions, et prédisent une mort assurée aux imprudents qui tout d'un coup renoncent aux occupations de toute leur vie; ils disent donc à leurs voisins jeunes ou tirant sur l'âge, qu'ils voient disposés à la retraite : « Travaillez, travaillez, c'est le but de l'humanité. — Mais il « y a bien longtemps que je travaille. — Il n'importe, travail- « lez, travaillez encore. — Mais je n'ai pas besoin de travail-

« ler. —Travaillez travaillez, toujours si non pour le besoin,
« du moins pour reculer votre mort. » C'est pourquoi ils
estiment ingrate et funeste la loi de mise à la retraite : ingrate, parce qu'elle met en oubli les longs services ;
funeste, parce qu'elle tue ceux qu'elle ravit à leurs fonctions. Ils l'appellent une loi homicide et en réclament l'a-
bolition — « réformons, disent-ils, le jeune cheval infirme,
« mais gardons le vieux qui fait allègrement son service
« tant que bien il le fera. »

Cette digression ne m'éloigne pas de mon titre ; elle m'en
rapproche : les peuples sont comme les travailleurs de nos
contrées ; s'ils jettent loin d'eux la pioche et l'épée ; s'ils
renoncent aux vastes projets, à rien entreprendre ; si prenant
leur retraite, ils se résolvent à ne plus rien faire, qu'à
jouir des richesses accumulées par leurs aïeux, ou avec
leurs propres mains, ils sont perdus. Comme sa mise à
l'engrais annonce la fin prochaine du porc, ainsi le peuple
qui se retire de la vie active pour se mettre à jouir, annonce
à l'univers que le flambeau de la civilisation pèse à ses
mains séniles, qu'il est obligé de se débarrasser de ce faix,
de le passer à un plus jeune, plus énergique, qui la portera avec orgueil, avec amour, et saura mieux que lui en
ranimer la flamme défaillante.

II.

Il y en a parmi nous qui disent : « pourquoi des con-
« quêtes ? pourquoi s'agrandir ? en serons-nous plus heu-

« reux, plus riches quand nous aurons la Belgique et la
« ligne du Rhin ? A quoi servent les colonies ? Colonies,
« conquêtes, extension de territoire, toutes choses, qui
« dévorent le capital. Gardons-le précieusement pour empié-
« rer nos chemins vicinaux, canaliser nos rivières, et mul-
« tiplier nos fervoies. »

Et cependant la Russie s'étend de long en large, elle
s'incorpore l'immense vallée de l'Amour, le Kiva, le Kokand,
la Boukarie, tous les revers septentrionaux et occidentaux
des montagnes centrales de l'Asie : elle s'est annexé la
moitié de la Suède, un quart de la Turquie et de la Perse ;
les trois quarts de la Pologne (l'absorption du reste de ces
trois nations n'est que partie remise). Elle attend pour sub-
juguer l'Europe d'être solidement assise en Orient. Je ne
parle pas de ses idées des conquêtes plus ou moins loin-
taines du Japon, de l'Inde et de la Chine, mais je sais
qu'elle en rêve.

Et cependant, vous voyez la Prusse passer en un jour de
vingt à quarante millions de population. Sa faim en a-t-elle
été assouvie ? Irritée, au contraire, elle a faim de l'Allemagne
tout entière ; elle a faim de la Hollande, de la Suisse, de la
Scandinavie ; elle a faim de la Bourgogne, de la Flandre et
de la Champagne : elle presse de son désir l'arrivée du
hasard qui l'autorisera à échanger les provinces allemandes
de la Russie contre la tolérance de la prise de possession
de la Suède, de la Roumanie, de Constantinople, par la
Russie.

Les contempteurs de conquêtes, les prêcheurs de la

paix, nous représentent l'Angleterre comme soûle de conquêtes, s'annexant les peuples à contre-cœur, s'efforçant de s'arrêter, de se borner ; ils diraient presque qu'elle céderait volontiers tout ou partie de son immense Empire à qui voudrait le prendre. Dupes ridicules ! ou menteurs impudents ? Cette Angleterre repue de conquêtes après avoir absorbé l'Inde entière, la moitié de la Birmanie, s'apprête à prendre la moitié restante, pour se faire un chemin de l'Inde à la Chine et isoler Saïgon du Thibet. Combien elle a regret d'avoir lâché l'Afganistan sur laquelle elle avait la griffe ! elle a failli l'autre jour avaler la Chine, mais — patience elle y reviendra. L'appétit de la Russie ne la laisse plus dormir ; elle la surveille pour ne pas se laisser devancer dans la conquête de ce vaste pays, en attendant elle prend par-ci les îles Fidjy, par-là la Nouvelle Guinée ; elle prend pied en Egypte, chemin de l'Inde, de la Chine, de la Polynésie, et de l'Afrique centrale : l'Afrique centrale, admirable terre ! favorable à l'habitat de la race Anglaise, immense et fertile plateau d'où, par les grands fleuves qui en découlent dans toutes les directions, au Nord et au Midi, à l'Est et à l'Ouest, on peut étendre un vaste et facile réseau de domination sur tout le continent Africain.

Au milieu de tous ces peuples qui grandissent, si vous gardez votre taille, vous devenez pygmées pendant qu'ils deviennent géants. Car c'est rapetisser que de ne pas grandir quand son voisin triple, décuple, centuple d'étendue. Relativement aux États qui nous environnent que serons-nous dans dix ans? Une république de Sans-Marino, une principauté de Monaco : nous permettra-t-on de vivre en ce temps là? Oui, peut-être, par pitié, comme à la République d'Andore, insulte qu'il faudrait dévorer en silence, le temps des vengeances possibles étant passé. Mais non, nous serons impitoyablement partagés et annexés à l'Angleterre à la Prusse et à l'Italie ; peut-être même jettera-t-on à l'Espagne elle-même un lopin de la France et nous n'y mettrons aucune résistance : « à quoi bon, diront les fils de « nos profonds politiques d'aujourd'hui, à quoi bon des « efforts inutiles? nous ne pouvons plus rien pour notre « indépendance. Cédons de bonne grâce, pour avoir meil- « leure composition. »

C'est ainsi que de chute en chute, d'abandonnement en abandonnement, on descend, on arrive à un complet anéan- tissement.

Voilà où nous tendons, menés par des gouvernants frap- pés de vertige et d'erreur, par des assemblées ignorantes et fanatiques, sans idées. Et d'ailleurs en ce siècle de révo- lutions incessantes, qui donc a le loisir de s'occuper de l'ave- nir de la France ? Les gouvernants, les ministres, les chefs de l'État? Ils ne font que paraître au pouvoir et dispa- raître : à quel moment auraient-ils pu concevoir, élaborer, faire éclore des projets d'agrandissement? Non, ni au chef de l'État, ni à ses ministres n'appartiennent ces grands des- seins ; ils sont fonctions d'un corps qui ne change pas, qui ne meurt pas, qui a mémoire immuable, intelligence supé- rieure et ardent patriotisme. Or, jamais notre pays n'a été doté d'une telle institution : depuis 80 ans nous n'avons eu que des assemblées dignes de Byzance, consumant le temps en vaines disputes, en querelles inutiles, en éloquence vide, en discours sans fin ; vivant au jour le jour, et s'agitant sans but. Qu'ont-elles fait pour l'agrandissement de la France ? Qu'ont-elles fait pour la maintenir à la tête de la civilisation ? Elles n'ont rien trouvé, rien conçu, rien entrepris. De toutes les assemblées issues du peuple, sauf la grande Constituante et ce monstrueux géant qui s'appelle la Convention, pas une n'a songé à l'agrandissement de la France : au contraire, plus d'une y a fait opposition. C'est malgré elles qu'Alger, le chemin de l'Égypte, a été conquis ; elles ont refusé la Belgique, elles ont refusé Saint-Domingue, crié contre Taïti, contre la Nouvelle-Calédonie, contre Saïgon, contre la Savoie annexée, contre le Luxembourg qui l'était presque : oh ! race coassante, race imbécile qui remplit la presse et les Chambres !

Elle ne cessera de préconiser comme une vertu patriotique, la pratique de l'amoindrissement de notre patrie. Il est urgent de créer dans l'État un grand corps politique qui ait souci de notre avenir : dans sa tête naîtront, vivront, grandiront les projets d'élargir le territoire et de reculer nos frontières : il comprendra que pour réaliser ce dessein il faut reprendre, continuer et poursuivre avec une invincible ténacité la grande œuvre commencée par les Capétiens, l'union des races latines. Nos rois ont presque parfait la fusion des populations comprises entre l'Océan, le Rhin, la Manche et la Méditerranée : c'est la première partie de la grande œuvre, reste à terminer la seconde : enserrer dans un lien commun toutes les nations européennes de race latine, l'Espagne, le Portugal, la Belgique et la France ; les relier en un seul faisceau, pour les cinq peuples n'en faire qu'un, les États-Unis latins. Ce serait la tâche de notre Sénat — il mettrait à l'accomplir la même ardeur, la même persévérance inébranlable que le Sénat de Rome à la conquête de l'univers.

Hé bien! voyons, est-ce votre Chambre haute élue par des maires et des conseillers d'arrondissement, renouvelable par tiers, par conséquent mobile et changeante, qui sera capable de concevoir ce projet et d'en poursuivre l'exécution avec l'opiniâtreté nécessaire à sa réussite? Si, issue d'une telle origine, elle avait contre toute prévision, l'intelligence d'en comprendre la grandeur et l'importance, elle n'aura jamais avec la mobilité de son organisation, la constance de le garder dans sa mémoire muable, ni la volonté persévérante qui le mènerait à bonne fin. Après le troisième tiers renouvelé, la Chambre haute ne pensera plus aux idées arrêtées neuf ans auparavant.--Mais notre Sénat qui ne meurt pas, qui reste toujours debout, toujours le même, qu'aucun renouvellement total ou partiel ne vient altérer, notre Sénat accomplirait parfaitement cette tâche, dût-il y mettre un quart, une moitié de siècle, un siècle tout entier.

Il y en a qui croient un Sénat immuable, dominateur, et non élu par le suffrage populaire, incompatible avec la démocratie qui, de sa nature, est essentiellement mobile. C'est le contraire qui est la vérité. Il faut à la démocratie, jouet de tous les vents, battue par d'incessants orages et agitée de tant de passions, un roc immuable sur lequel elle puisse fixer solidement son ancre.

Les projets utiles au développement d'une nation demandent souvent à être mûris pendant des années, des lustres, des siècles. Quelle est la mémoire assez longue, assez sûre, assez fidèle pour les conserver durant ce laps de temps? Quelle est la volonté que l'âge n'affaiblit pas? C'est la volonté, c'est la mémoire d'un corps toujours vivant et vivant de la même vie, garanti contre les rajeunissements qui le ramèneraient à l'inexpérience et contre l'envieillissement qui le conduirait à la décrépitude, et conservant toujours la même vigoureuse et permanente maturité.

Un Sénat renouvelé perd la continuité des idées, la constance de la mémoire, la persévérance du vouloir. Pensez-vous qu'un homme qui changerait de cerveau toutes les semaines, aurait en décembre les idées qu'il avait en janvier? Eh bien! pouvez-vous croire que le Sénat renouvelé tous les trois ans partiellement ou en totalité, aura en l'an 2000 les idées qu'il avait en 1900? Non, évidemment. Mon Sénat immuable, lui, les aura si le besoin du pays le demande; et on le verra poursuivre en l'an 2000 le développement des plans conçus en 1900.

« Mais, objectera-t-on, votre Sénat meurt, et au bout « d'une génération votre Sénat n'est plus le même. »

Les sénateurs meurent, mais non le Sénat dont l'âme reste et demeure toujours vivante dans le corps entier —

la mort successive de chaque sénateur n'y apporte pas plus de changement que, dans un être vivant, la mort d'une molécule organique. La molécule morte est éliminée et remplacée par une vivante et l'organisme conserve toute son homogénéité.

III.

Quel que soit le génie d'un homme, et la perfection de son œuvre politique on voit souvent cette œuvre dépérir de son vivant, ou disparaître à sa mort. Héraclius vit de ses yeux tomber bien bas l'empire qu'il avait élevé bien haut ; après la mort d'Alexandre, ses immenses conquêtes furent dépécées en cent lambeaux. Nous avons vu de nos yeux naître, grandir et mourir le colossal empire de Napoléon. Quand les grands hommes ont de dignes successeurs, leur œuvre peut subsister ; mais cette chance heureuse d'une série de génies n'est jamais bien longue, pas plus que les joueurs heureux les nations n'amènent toujours le double six. Quand le gouvernail qui avait été tenu d'une main si habile et si ferme par Henri IV, Richelieu, Mazarin, Louis XIV, passe aux mains de Louis XV, le vaisseau jouet de tous les vents, accroche tous les écueils. Le génie ne s'hérite pas comme la place, et de ce haut point de grandeur où ces quatre grands hommes avaient porté la nation, on la verra tomber dans un ignominieux abaissement, d'où elle ne sortira que par la plus terrible des révolutions. C'est qu'il n'y a pour garder, pour poursuivre les grands desseins qui développent et accroissent la puissance des nations, que les corps qui ne meurent pas, qui ne changent pas, qui vivent toujours jeunes, toujours forts d'intelligence et de volonté, ils ne sont pas soumis aux vicissitudes de l'âge, aux torpeurs des maladies, aux successeurs imbéciles, aux héritiers fous, comme les rois et les empereurs.

Pourquoi l'Angleterre est-elle devenue la reine des mers? — C'est parce qu'elle est une île et qu'elle a une nombreuse population maritime — non, non, cent fois non : c'est parce que cette idée: « l'Angleterre sera la reine des mers, » inculquée à la nation par Cromwell, a été fidèlement gardée par le parlement, poursuivie par lui avec opiniâtreté, avec acharnement jusqu'au jour où elle est devenue un fait accompli. Pourquoi cette idée si juste et qui est si populaire parmi nous, la liberté des mers, n'est-elle pas devenue une réalité?

C'est parce que nous n'avons pas eu un Sénat qui en ait gardé la pensée, et qui en ait poursuivi l'effectuation à travers la succession des générations. Un homme a tenté, tout seul, de faire de cette maxime un fait, et peu s'en est fallu qu'il n'ait fondé la liberté des mers sur les ruines de la Grande-Bretagne. Après lui, cette grande idée dont la réalisation eût été si utile à l'humanité, a été abandonnée, et nous avons ouï un homme politique des plus illustres, laisser tomber de la tribune française ces surprenantes paroles : « Laissez à l'Angleterre l'empire de la mer et « contentez-vous d'exercer sur l'Europe une influence do- « minante. » Hé bien, malgré l'estime que je professe avoir pour cet homme éminent, je dis que c'est là de la politique d'abaissement, d'abandon de ses droits, de ses intérêts comme de ceux de tous les peuples. Quand nous aurons un vrai Sénat, cette idée éminemment française sera reprise et vigoureusement poussée ; il poursuivra obstinément jusqu'à ce qu'il l'ai obtenue l'idée de la mer libre, partout et toujours ; il combattra jusqu'à soumission ou destruction l'ennemi de la liberté des mers et n'y épargnera ni la peine, ni le temps.

Ceux qui disent « il n'y a plus rien à faire pour nous « dans le monde ; hors le théâtre, la cuisine et la mode, « nous ne sommes plus bons à rien. Nous avons abandonné la colonisation à l'Angleterre : à l'Allemagne nous « avons passé le sceptre de la science et la suprématie « militaire ; nous avons donné à tous le droit de s'agrandir, de s'annexer, de conquérir, réservant à nous « celui de rester stationnaires, ou de décroitre de l'Alsace, « de la Lorraine et de quelqu'autre chose encore à la première occasion. »

Si c'est cinglante ironie pour éperonner notre torpeur, c'est bien : si ce sont paroles sérieuses et je les ai ouï débiter sérieusement, je les repousse avec indignation. Ceux qui tiennent ces discours méconnaissent le génie de notre race ; ils ignorent quelle puissante influence elle a exercé et exerce encore sur le monde. Hé bien ! je vais montrer en quelques mots que la France a toujours été à la tête des peuples, que c'est elle, depuis les Grecs et les Romains, qui a donné l'impulsion civilisatrice, la promotion au progrès ;

et que ce qu'elle a toujours fait, elle le fait encore à l'heure qu'il est.

IV

Durant tout le moyen-âge l'Université de Paris a été la source où l'Europe entière est venue puiser la connaissance. Notre littérature du XI° ou XIII° siècle fut la mère de celle de l'Italie, de l'Espagne; de l'Angleterre et de la Germanie, même phénomène à partir d'Henri IV. De notre langue renouvelée, des esprits agités par un souffle nouveau sont sortis la science et la philosophie modernes et une nouvelle littérature qui règne encore sur tous les peuples civilisés.

Depuis l'époque Grecque et Romaine trois architectures ont apparu dans notre occident, la romane, la gothique et celle de la Renaissance ; toutes les trois sont nées, se sont développées en France et y ont édifié leurs plus splendides monuments.

C'est nous qui dans les champs de la Touraine avons arrêté le torrent de l'Islam débordant sur l'Europe ; nous qui sommes allés en Asie et en Afrique prendre la barbarie corps à corps : deux siècles durant on a parlé français en Morée, à Constantinople, en Syrie, à Chypre, à Jérusalem.

Parmi les peuples nés des débris de l'Empire romain, les premières populations qui se constituèrent nations furent celles de la Gaule. Les premières elles adoptèrent la forme féodale, qui se répandit de là sur toute l'Europe.

Des vices de la féodalité naquit en France cette noble et singulière institution de la chevalerie qui s'étendit à tous les peuples chrétiens.

Quelle nation, la première, brisa le servage féodal ? La nôtre: la guerre entre seigneurs, la guerre de fief à fief ensanglantait chaque jour le sol d'un bout du territoire à l'autre. Tout homme était serf ou vassal, serf ou vassal tout homme était soldat et tout soldat se devait en armes à l'appel de son seigneur, à toute heure du jour et de la nuit. Le service militaire était donc perpétuel : il commençait dès l'enfance et ne finissait qu'avec la vie. Cette misérable condition de la plèbe serve, eut au moins ce résultat avantageux de faire d'habiles et vaillants soldats.

Or, il avint qu'un jour ces habiles et vaillants soldats de la féodalité tournèrent contre leurs seigneurs la lance dont ils les avaient armés et la dague sur la gorge ils leur arrachèrent la charte des libertés communales. Bientôt tous les fiefs de France, l'un après l'autre, imitèrent les communes du Mans et de Laon, et il n'y eut plus une paroisse qui n'eut obtenu de gré ou de force de son seigneur ses titres d'émancipation. Voilà comment les communes de France furent affranchies, voilà l'origine de leurs libertés : elles les durent non aux rois, non aux seigneurs, non au clergé, mais à leurs armes et à leur courage. C'est là qu'il faut chercher le principe de nos franchises et non dans les mystérieuses forêts de la Germanie, qui n'ont jamais produit que des sauvages, des loups et des glands.

A l'exemple de la France, la plèbe Européenne partout

serve, réclama la liberté à main armée et la conquit à la pointe de l'épée, partout où on la lui dénia.

En ce temps là à peu près, un flot de Français submergea l'Angleterre et y porta sa langue, ses mœurs et les idées de liberté qui commençaient à fermenter sur la terre de France. Ces idées gagnèrent les fils des Conquérants et on les vit, en 1215, imposer la grande charte à Jean-Sans-Terre. A qui donc l'Angleterre doit-elle son aristocratie et son gouvernement aristocratique ? A cette population française que la conquête implanta chez elle : aux Normands, aux Manceaux, aux Angevins, aux Poitevins qui avaient dételé pour aller à la conquête. D'ici où j'écris j'aperçois les logis de vingt Sires qui ont combattu à Hastings et participé au partage du territoire breton. Les terres qui leur furent dévolues, ils les gardèrent et gardèrent en même temps leurs fiefs de France.

Ce sont donc les conquérants Français qui ont donné à l'Angleterre sa forme politique, qui lui ont imposé son aristocratie de noblesse, ses mœurs aristocratiques, sa langue, marque ineffaçable, cachet indélébile de la conquête. L'Angleterre n'est qu'un rejeton de la France, mais au rebours des bâtards de bonnes maisons qui se font gloire de leur origine, elle en a honte, elle l'a en horreur. Elle la dissimule, la cache et pour un rien la renierait, mais c'est en vain qu'elle en enseigne l'oubli à ses enfants ; la langue dans laquelle elle leur donne ses mensongères leçons leur révèle la France et leur crie la conquête.

Pendant que la noblesse de France fondait dans la

Grande-Bretagne le gouvernement aristocratique, la royauté en France brisait son enveloppe féodale et fondait le gouvernement monarchique ; peu à peu elle fit revenir à la Couronne tous les droits souverains que les institutions féodales avaient laissés tomber jusqu'aux plus petits feudataires : notre noblesse en France opposa peu de résistance à cette spoliation, mais en Angleterre elle défendit victorieusement ses priviléges. Pourquoi cette noblesse qui était composée des mêmes individus en-deçà comme au-delà de la Manche, a-t-elle agi contradictoirement ici et là : c'est qu'ici elle était feudataire et liée par le serment d'allégeance ; et que là-bas le droit de conquête l'avait faite libre de toute autorité et suzeraine.

La royauté en même temps qu'elle grossissait son pouvoir aux dépens de l'aristocratie, l'accroissait encore par l'absorption des libertés des communes. De ces franchises si vaillamment conquises par nos ancêtres il ne restait plus vestige sous Henri IV. Les populations supportèrent silencieusement cette perte de leurs libertés : elles pressèrent de leurs vœux l'extension du pouvoir royal, dans l'espoir que l'achèvement de son développement, les délivrerait de la tyrannie féodale dont elles restaient seules à porter le joug.

Ce fut sous Louis XIV que la monarchie atteignit son apogée. A cette heure le Roi put dire avec vérité : « l'État c'est moi. »

Si vous portez vos regards en ce moment là sur l'Europe, vous en verrez tous les rois occupés à modeler leur gouvernement sur celui du roi de France. Devenue féodale quand la France était féodale, l'Europe se monarchise à notre exemple.

A dater de Louis XIV la monarchie penche vers son couchant. Elle avait formé son pouvoir du faisceau des libertés ravies aux communes et des droits retirés à la noblesse. Tous les priviléges nobiliaires qui nuisaient à la Couronne, avaient été abolis : mais tous ceux qui vexaient le peuple et l'écrasaient, avaient été soigneusement conservés.

Cependant après avoir dégagé la monarchie des liens de la féodalité, il restait à la royauté un grand et dernier devoir à remplir, celui de désentraver les populations des servitudes féodales. Le peuple réclamait avec instance cette dernière réforme attendue patiemment depuis des siècles : d'habiles ministres, ayant le pressentiment vrai de l'avenir pressaient la royauté de faire le dernier pas. C'était au-dessus des forces de Louis XV ; poussé par son bon cœur et son bon sens Louis XVI entreprit d'achever la grande œuvre commencée par ses premiers aïeux, et de porter le dernier coup à la féodalité. Mais le faible Roi cédant aux obsessions de la noblesse toute-puissante à la cour, infidèle à ses nobles instincts et à son intelligence, interrompit la réforme commencée.

Enfin, lasse de souffrir, voyant la royauté impuissante à la tirer de servitude, impuissante malgré son bon vouloir à lui rendre la liberté, la nation en 89 prit une résolution généreuse : de ses propres mains, elle brisa ses entraves, et d'elle-même se mit en possession de ses droits.

Électrisée par notre exemple, l'Europe entière se prit à

demander la liberté. l'Espagne, l'Allemagne, l'Italie, toutes les nations sont entrées dans la large voie que nous leur avons ouverte. L'aristocratique Angleterre elle-même a fait un pas vers l'abîme qui un jour l'engloutira et nous avons vu la Russie détacher de ses mains propres les fers de ses millions de serfs.

Tous les peuples de la terre ont été ébranlés et entraînés par la violence du mouvement que nous leur avons imprimé : il n'en est point qui n'en ait ressenti la secousse : par lui ont été transformées l'Amérique espagnole et l'Amérique portugaise ; il a suscité les essais politiques tentés aux pays de l'Islam : qui donc croira que la révolution Japonaise, les fermentations de la Chine, les tressaillements observés dans les populations figées de l'Inde, ces bouillonnements qui troublent les bas-fonds des peuples slaves, ne sont pas les vibrations de la France propageant leurs ondes révolutionnaires à travers tous les peuples ?

Et osez dire maintenant que notre rôle est fini, que la France épuisée d'âme et de corps, n'a plus qu'à se coucher dans la tombe pour y dormir du sommeil des peuples éteints ? à aucune époque de sa vie l'action de la France sur le monde ne fut plus manifeste, n'eut autant d'intensité et d'universalité que dans ce siècle.

Ne croyez pas que nos revers, la perte de nos provinces, l'éclipse de notre gloire militaire aient amoindri notre influence sur les nations. Ce serait là une grande erreur, voyez plutôt comme l'Europe suit palpitante et anxieuse nos efforts pour nous reconstituer, quels encouragements elle nous donne, quels vœux elle fait pour notre succès ; comme le monde entier vient au secours de nos désastres ! tous semblent comprendre que leur sort est lié au nôtre, que notre destinée est aussi la leur.

Ah ! si nous savions donner à notre démocratie un gouvernement qui la sauvât du césarisme et de la démagogie, vous verriez les nations latines, germaines, slaves, entraînées par l'exemple, marcher sur nos traces, nous suivre et s'efforcer de nous atteindre..... où donc est sur la terre un peuple qui tient ainsi les nations attentives, et dont le moindre mouvement les fasse tressaillir ? Il n'y en a qu'un, l'humanité est un grand corps et l'âme de ce corps, *mens quæ agitat molem*, c'est la France.

Plus la France sera forte, plus son action sur le monde sera grande et féconde, or, il faut bien se l'avouer : notre puissance en ces derniers temps a notablement décru, il faut réparer nos pertes, il faut augmenter nos moyens, comment ? En imitant nos ennemis ; ils vous ont pris ce grand art de la guerre, où vous étiez passés maîtres et que vous avez oublié ; réapprenez-le et s'il le faut imitez-les.

Ils ont coalisé contre vous les haines de toutes les peuplades allemandes, et vous ont submergé sous leurs flots. Profitez de l'enseignement et faites un seul faisceau de tous les peuples latins, de tous les petits États qu'ils menacent de dévorer, et cette fédération vous rendra plus puissants que tous les peuples du globe, et cette coalition allemande qui vous a écrasés sera devant vous comme la poussière balayée par le vent.

Joignez à l'union des peuples latins et des peuples menacés le secours d'une solide organisation politique qui rende chimérique l'omnipotence de la Chambre, impossible le coup d'État du pouvoir, et en même temps que vous serez tout-puissants au-dehors, au dedans la liberté, toutes les libertés couleront à pleines rives, sans déborder, la paix et le progrès sous le régime de la loi habiteront enfin notre terre apaisée et prospère.

À ce spectacle, les nations étrangères deviendront désireuses, les unes de vivre sous nos lois, les autres de les imiter, ou de s'allier à nous. Vous les aurez conquises à l'union ou à l'amitié plus sûrement que par les armes.

Partis les premiers des rives féodales, nous avons entraîné à notre suite tous les peuples de l'Europe : après avoir franchi mille écueils, échappé à mille gouffres, nous avons abordé les premiers aux plages de la démocratie. — C'est à nous de donner l'exemple aux peuples qui ont suivi notre sillage, en élevant sur ces nouveaux rivages un édifice modèle, un édifice inébranlable sous lequel viendront s'abriter tous les droits et toutes les libertés. Là est le salut, là est le terme. *Hic salus, hic terminus hæret.*

XI

DE L'AGRANDISSEMENT DE LA FRANCE

La question de l'agrandissement de la France en territoire et en population est une des plus graves que le patriotisme puisse se proposer de résoudre.

Y a-t-il nécessité, urgence d'augmenter la puissance de la France, c'est-à-dire de reculer ses frontières et d'accroître la masse de sa population ?

Oui, il y a nécessité, oui, il y a urgence, alors que les nations qui nous touchent, triplent, quadruplent de grandeur, et menacent de croître encore en force et en étendue.

L'Angleterre a une population qui rivalise en nombre avec celle du céleste Empire : elle n'en restera pas là, gardez-vous d'en douter. Elle est sur le point de prendre la Chine ; elle n'attend pour s'emparer de l'Égypte qu'un pas de la Russie vers Constantinople. Quand elle sonde les hautes régions de l'Asie et de l'Afrique, propices, par

13

leur température moyenne à cause de leur haute élévation au-dessus du niveau des mers, à l'habitat et à la propagation de la race européenne, elle n'agit pas sans une pensée de prise de possession future. On peut fonder au Thibet une nouvelle Angleterre qui, des sommets inexpugnables de l'Himalaya, dominera l'Inde, la Chine, la Boukarie et l'Afganistan, comme la Russie, des hauteurs inaccessibles du pôle, domine l'Ancien-Monde. On peut en fonder une autre sur les plateaux et versants des grands lacs du centre de l'Afrique, et, de cette position saine et fertile, faire rayonner sa domination par les grands fleuves qui en découlent dans toutes les directions sur le vieux continent des noirs. Gloire aux nations qui savent concevoir de tels projets ! Heureux les peuples qui ont des assemblées pour former de tels desseins, pour les garder en leur mémoire, pour les poursuivre avec une indomptable ténacité à travers les âges et les révolutions !

La **Prusse** en est à quarante millions d'âmes : avant la fin du siècle, si rien ne l'arrête, elle arrivera à quatre-vingts, il y a dix millions d'Allemands en Autriche qui brûlent de répondre à son appel, il y en a d'autres en Russie qui ne sont pas animés d'un moindre désir : le reste du Danemark et la Hollande excitent ses convoitises. Je ne parle pas de la Belgique à laquelle elle a déjà cherché une querelle d'Allemand, ni de nos provinces françaises qui seraient si bien à sa convenance, la Bourgogne et la Flandre, ni de la **Suisse** à moitié prussifiée.

L'**Autriche** composée de populations dissemblables de

langue, de mœurs, d'origine, l'Autriche que ses malheurs ont heureusement pour elle, séparée de l'Italie et de l'Allemagne, est appelée par sa position à de grandes destinées ; pour ne les pas manquer, elle n'a besoin que de ne pas s'opposer par inintelligence et maladresse au courant qui la porte de lui-même aux progrès et au développement de sa puissance. Qu'elle ne marchande donc plus à ses peuples leur nationalité, qu'elle accorde l'autonomie à la Bohême, à la Gallicie, à l'Illyrie et à la Boukovine, comme elle l'a accordée à ses Allemands et à ses Hongrois, puis, qu'elle relie par un lien fédéral ces vingt nations émancipées, et l'Autriche aura fondé sur le roc les États-Unis orientaux de l'Europe. Pour grandir ensuite indéfiniment elle n'a qu'à laisser le temps faire son œuvre. Elle verra se réunir à elle les épaves du naufrage de la Turquie : autour de la Gallicie autonome, germe de la Pologne renée à la vie, viendront se grouper les vieilles provinces polonaises détachées tantôt l'une, tantôt l'autre, de la Prusse et de la Russie. La Roumanie, elle aussi, grossira un jour d'une unité et d'une langue nouvelle cette union bigarrée. Mais je crains bien que les Allemands d'une part et la jalousie hongroise de l'autre ne l'écartent de la voie du salut et ne mènent l'Autriche à sa perte.

Tronçonnée en cent petits états, l'Italie naguère n'existait pas, aujourd'hui elle forme un peuple de vingt-cinq millions d'âmes : bornée par la Suisse, la France et l'Autriche, entourée par la mer dans la plus grande partie de sa circonférence, elle n'a plus aucune conquête à prétendre, aucun agrandissement à espérer, mais elle est devenue une force dont il faudra tenir compte, le jour où il lui sera donné de jeter son poids dans un des plateaux de la balance.

Par delà tous ces États vient la Russie, qui, plus rapidement que l'Angleterre, croît et grandit. Placée près du pôle elle a pris tout ce qui était au-dessus d'elle et menace de prendre tout ce qui est au-dessous, déjà elle est descendue jusqu'au Japon qu'elle a entamé, jusqu'à la Chine qu'elle a démembrée de ses provinces septentrionales ; jusqu'à la Perse et à la Turquie qu'elle a à moitié dévorées. Elle n'est plus séparée de l'Inde que par la faible épaisseur d'une province sauvage. Encore un peu de temps et les quatre Empires, la Turquie, la Perse, l'Inde et la Chine, auront été la proie de la Sainte-Russie. L'Angleterre pourra la devancer en Chine, mais elle n'y restera pas plus que dans l'Inde.

Ainsi, près de nous, trois nations prennent un accroissement effrayant et nous menacent dans un avenir prochain, d'un plus effrayant encore. Pendant ce temps que devenons-nous, que faisons-nous ? Notre population a diminué de quatre millions d'âmes et notre territoire de deux provinces ; nous avons reculé loin du Rhin de toute l'épaisseur de l'Alsace ; si nous ne voulons pas être engloutis tout entiers, si nous voulons échapper au joug de l'étranger, hâtons-nous de reculer nos frontières. Le pouvons-nous ? Et aux dépens de qui ? Voyons : la Russie, l'Autriche ? Elles sont trop loin de nous, la possession de la Belgique y compris les provinces rhénanes ajouterait à peine une coudée à notre taille ; qu'est cela ? alors qu'il faudrait doubler, tripler notre population.

L'Espagne et l'Italie nos sœurs à qui nous n'avons rien à reprocher, sont à l'abri de nos convoitises.— Reste l'Allemagne et l'Angleterre.

Certes l'Allemagne nous a donné vingt fois le droit de lui faire la guerre et de nous approprier partie de son territoire. Rien n'était plus facile au moment de Sadowa — l'envahir aujourd'hui que nous sommes affaiblis par nos défaites et succombons sous le poids de nos dettes, recommencer à combattre les combats titaniques de la République et de l'Empire, serait une folie pire cent fois que celle de Napoléon III. Oublions les rives du Rhin, jusqu'au jour qui se lèvera pour la revanche.

Moins d'obstacles présenterait la conquête de l'Angleterre, si nos voisins du Nord-Est voulaient la laisser faire. Nous y serions aidés par l'Irlande anglaise et par l'Irlande américaine et cette conquête plus facile à faire, plus commode à garder serait infiniment plus précieuse que toutes les conquêtes allemandes. A nos 36 millions de population elle en ajouterait trente d'une race plus qu'aucune autre assimilable à la nôtre. Si jamais nous sommes obligés de recourir aux conquêtes pour nous agrandir, c'est vers l'Angleterre que la France devra diriger la pointe de son épée, *delenda est Carthago* sera peut-être un jour le refrain d'une autre Marseillaise : mais, en ce moment, il n'y faut pas songer.

Heureusement, il y a un moyen plus sûr que la guerre pour nous élever à la puissance, à une puissance plus grande, plus certaine que celle qui vient de la victoire, un moyen qui ne coûtera à la France ni un centime, ni une larme de mère, ni une goutte de sang. Ce merveilleux moyen c'est la confédération des cinq nations latines, l'Espagne, le Portugal, l'Italie, la Belgique et la France. Leur union formerait les États-Unis du midi de l'Europe.

Qui au dehors voudrait s'opposer à cette confédération ? Nul n'en aurait le droit et nul n'en aurait la force ; une coalition générale n'y suffirait peut-être pas.

Quelle cause au-dedans pourrait y mettre obstacle ? Le désir de conserver son autonomie ? Mais l'union n'empêcherait aucun des contractants de garder son nom, sa langue, ses mœurs, sa forme de gouvernement, ses lois et la faculté de les modifier au gré de sa fantaisie et de son utilité. Les intérêts ? Mais les peuples auraient cent fois plus d'intérêt à former un seul faisceau qu'à rester chacun dans son isolement : l'union supprime les douanes et les frontières ; un marché immense s'ouvre à tous les habitants des États-Unis ; toutes les voies nécessaires à une libre et prompte communication entre les confédérés, canaux, tunnelles, routes, fervoies, seront multipliés pour satisfaire avec facilité à tous les besoins ; devenues inutiles, les armées seront réduites au strict nécessaire, c'est-à-dire à ce qu'exige la sûreté des citoyens, la défense des propriétés et le maintien de l'ordre. De l'impôt libéré de charges de l'armée, une partie serait consacrée à l'instruction publique si dénuée de ressources, de l'École primaire à l'Institut. Chaque État verrait sa force augmentée de toutes celles de ses confédérés. L'union aurait de prime saut une population de cent millions d'âmes condensée dans un espace relativement étroit. Ce serait la plus forte puissance qu'aurait produit la civilisation moderne ; qui oserait lutter avec elle ?

Nulle nation n'en aurait l'audace, il n'y a qu'une coalition de tout le reste de l'Europe qui pourrait le tenter, mais cette coalition ne pourrait s'effectuer que dans le cas où l'union menacerait leur existence, or, cela n'arrivera jamais : l'union se défend et n'attaque pas. Mais par sa seule puissance elle imposera aux autres États la justice. Si elle demande le désarmement général on le lui concédera ; si elle propose un haut conseil pour juger les différends des nations, elle ne trouvera pas d'opposants. Elle pourra tout dans le monde à condition d'être juste.

Mû par ces considérations et voyant dans l'automne 1869 l'Espagne sans gouvernement et Prim en quête d'un roi, je saisis l'occasion que je croyais favorable pour proposer à l'homme maître des destinées de sa patrie de commencer conjointement avec la France, à jeter les bases de l'union des peuples latins, et, le 29 septembre 1869, je lui adressai la lettre suivante :

Général.

L'Espagne est monarchique, elle veut un roi, une république espagnole ne durerait pas six mois : en revanche sa chûte relèverait les espérances de la restauration et serait suivie de la plus atroce guerre civile.

Vous allez donc donner un roi à l'Espagne : mais après ? l'Espagne sera-t-elle tirée de son abaissement séculaire ? Sera-t-elle remontée au rang de grande nation ? Aura-t-elle recouvré ses forces affaiblies, sa gloire éclipsée, sa richesse anéantie ?

Non, elle sera comme devant faible, isolée, arriérée, la dernière des nations civilisées, heureuse encore si sous le poids du nouveau trône elle n'enfonce pas plus avant dans la dégradation ! Du moins y gagnera-t-elle la paix ? Point du tout ; dans la terrible discordance des factions, l'élu roi, en eût-il le génie, n'aura jamais la force de rétablir l'harmonie.

Si donc, il est évident qu'un roi est nécessaire à l'Espagne, de même il est évident que cette nécessité satisfaite ne lui apportera ni l'accroisement des troubles intérieurs, ni le progrès, ni la force.

Voulez-vous que la royauté rende votre pays à la vie, qu'elle le fasse jeune, grand et puissant? Laissez de côté ces candidats néfastes sur lesquels votre choix hésite et prenez le prince Impérial, afin qu'un jour le Roi d'Espagne soit en même temps Empereur des Français.

On ne vous incite pas à cette préférence à cause des qualités supérieures de l'Enfant : on ignore absolument ce qu'il est ; ni parce que c'est un Bonaparte : nous savons trop de quelle sorte de recommandation ce titre serait en

Espagne, mais pour cette unique raison, qu'un jour ce Prince serait le chef des deux nations.

Est-ce qu'en vous proposant ce choix j'ai en vue l'annexion de l'Espagne à la France, comme vous alors que vous avez agité la nomination du Roi de Portugal au trône d'Espagne?

Nullement. Supposé cette élection faite, l'Espagne comme la France garde son territoire, son autonomie, sa constitution et ses lois, sa langue et ses mœurs. Les deux peuples se gouverneront eux-mêmes et par eux-mêmes : ils auront il est vrai le même monarque constitutionnel, mais ce n'est pas lui qui les régira, il régnera sur les deux pays et dans les deux pays les affaires seront faites, en Espagne, par un ministère espagnol ; en France, par un ministère français.

Où est l'avantage du choix proposé? demanderez-vous peut-être : il est tout dans la conjonction des deux peuples. Cette union commencée par la communauté du monarque, devra être consommée par la création d'une assemblée supérieure, composée en nombre égal d'Espagnols et de Français, dont les membres espagnols seraient élus par les pouvoirs législatifs d'Espagne, et les membres français par les représentants de la France.

Cette haute assemblée personnification des deux peuples, aurait pour fonction de s'occuper des intérêts généraux de l'union : elle déciderait de la paix et de la guerre, elle ferait les traités de commerce, nouerait les alliances avec les diverses nations, ouvrirait et fermerait aux peuples voisins ou éloignés les portes de l'union, fixerait le chiffre de l'armée, enfin veillerait à tous les intérêts généraux des États Unis.

Par cette jonction la puissance de l'Espagne serait accrue de toute celle de la France, et celle de la France de toutes les forces de l'Espagne, vos concitoyens jouiraient en France de tous les droits civils du Français, et les Français en Espagne des prérogatives de citoyen Espagnol, sauf les droits politiques. Une mutuelle pénétration augmenterait l'intimité des deux peuples, élèverait leur niveau moral, et leur communiquerait peut-être réciproquement leurs qualités.

Accueillez ce projet, réalisez-le, et, avant que la mort ferme vos yeux, vous verrez, Général, le Portugal, la Belgique et l'Italie s'adjoindre à nous, peut-être encore la Suisse et la Hollande, peut-être même des peuples plus éloignés et ne joignant pas nos frontières. Ils le feront parce qu'ils trouveront dans cette union liberté, sécurité, prospérité, force, grandeur, économie.

En effet, supposé tous ces États enserrés dans le lien par lequel je voudrais lier nos deux patries, ils n'auront fait aucun sacrifice, ils n'auront perdu ni leur autonomie, ni leur langue, ni leurs coutumes, et ils auront acquis une force immense; contre cette confédération de cent vingt millions d'âmes, l'univers, s'il osait se heurter, se briserait.

A cette colossale puissance, qui se défendrait par sa seule masse, il faudra une armée dix fois moins nombreuse que ne le sont en somme les armées additionnées de toutes les nations isolées. Quelle économie ! et quelle richesse et quelle

commodité leur confédération n'apporterait-elle pas à ces peuples ! Plus d'armée, plus de douane, plus de frontière ; le même vagon irait de Cadix à Amsterdam, de Brest à Brindisi, il n'y aurait plus d'Alpes ni de Pyrénées.

Une émulation ardente, véhémente pousserait au progrès dans chaque foyer national : elle redoublerait partout l'opiniâtreté de l'effort : à chaque fin d'année on se demanderait avec une curiosité anxieuse, qui l'a emporté dans la carrière des découvertes ? Est-ce Florence, Coïmbre, Salamanque ? Est-ce Paris, Bruxelles, Genève ? De cette lutte pour la gloire, pour la science, il naîtrait d'admirables inventions, d'immenses développements de la connaissance, de grands accroissements de la vérité.

De Venise à Gibraltar toutes les côtes méditerranéennes sont nôtres, bientôt elles seraient nôtres de Ceuta à Alexandrie, qui donc s'opposerait à notre juste et légitime envie de répandre sur ces plages, jadis belles et florissantes, Maroc, Tunis, Tripolis, aujourd'hui barbares et infertiles, les germes de la moderne civilisation ? L'Angleterre ? la Russie ? En ce temps là, la mer sera libre, ou si l'Angleterre s'y oppose, l'Empire des mers passera à la grande confédération latine : devant cette formidable puissance, la Russie cessera un moment du moins de rêver la domination de l'ancien monde.

Il y a plus, tout ce qui sera justement utile à l'humanité, nous l'oserons parce que ce sera juste et utile, nous l'imposerons parce que nous serons forts, toute résistance fléchira devant l'Union, nous ouvrirons le Bosphore de

Thrace et nous ferons libre l'Euxin et la Caspienne et tous les grands fleuves de ces mers intérieures ; nous creuserons de canaux les vallées de l'Oxus et du l'Yaxarte ; nous percerons le Caucase et l'Altaï pour joindre la Chine à l'Europe par des canaux et des voies de fer, la plus longue du monde ne sera plus celle de New-York à San-Francisco, mais celle de Cadix à Pékin. Qui coupera l'isthme de Panama ! L'Union Américaine ? Non, ce sera l'Union Romaine. A la gloire d'avoir réuni la mer Rouge à la Méditerranée, elle ajoutera celle de confondre les deux grands Océans. A nous sera le commerce du monde et le sceptre de l'industrie, parce que nous posséderons la Méditerranée centre de l'Univers commercial, point par où tout passe, où tout aboutit, d'où tout part, grande route des nations. Détourné de son cours par Vasco de Gama, le commerce a été ramené à sa voie naturelle par Lesseps.

Je vous offre, Général, une grande gloire à acquérir, la gloire de fonder les États-Unis de l'Europe, si vous saisissez l'occasion, vous serez le plus grand homme de votre époque, vous dépasserez Bismarck de cent coudées, la postérité reconnaissante vous placera bien au-dessus des plus illustres conquérants. Votre nom apparaîtra aux yeux de nos descendants plus éclatant que celui de Washington, vous serez le sauveur de races latines qui s'éteignent submergées par le fanatisme et le despotisme, minées par les factions, affaiblies par les jalousies du dedans et du dehors, énervées par l'isolement, impuissantes par manque de cohésion; nous avons l'intelligence, nous avons

la science et les arts, nous avons la terre et le soleil, la richesse et le nombre, tous les éléments de la puissance, que nous manque-t-il pour être le plus puissant peuple de la terre ? Un lien qui relie en un seul faisceau toutes les races latines, là est le salut.

Si nous ne saisissons cette planche, nous périrons misérablement en détail, sous les coups de Carthage, sous les coups du tudesque, sous le sabre du cosaque, comme la Grèce après la splendide épopée du fils de Philippe.

Général Prim, vous pouvez commencer à lier le faisceau fédéral — le tenterez-vous? faillirez-vous à notre salut? faillirez-vous à votre gloire ?

Prim a répondu a cette lettre comme il suit :

« J'ai bien reçu votre communication du 29 novembre
« dernier : et, bien que je ne puisse agréer, ni admettre
« même l'idée de prendre en considération la proposition
« que vous me faites, je ne vous en remercie pas moins de
« votre démarche, ne doutant pas qu'elle ne vous ait été
« dictée par un sentiment de haute sympathie à l'égard de
« mon pays. »

Recevez, etc.   Prim.

Ainsi Prim ferma l'oreille à la voix qui lui criait : « par ici, par ici, le salut est de ce côté ! »

Bien plus, il mit le comble à la mesure en essayant de donner à la chevaleresque, à la catholique Espagne un roi barbare et huguenot, dont aucune bouche ibérienne n'a jamais pu ni voulu épeler le nom. Bien qu'elle eût avorté, cette misérable tentative n'en eut pas moins pour effet de déchaîner la guerre et la ruine sur la France.

A défaut d'un tudesque, le dictateur espagnol prit pour roi un fils de l'ambitieuse maison de Savoie. Après deux ans de règne le malheureux s'enfuyait, repoussant du pied ce présent funeste, et déchirant de ses mains la pourpre royale, qui ardait son corps comme la robe de Nessus.

Mais tant de bévues avaient reçu leur récompense : avant même qu'Amédée eût posé le pied sur la première marche du trône, son promoteur était tombé sous les balles des assassins.

Mais ce que tous les dictateurs éphémères de l'Espagne n'ont pas osé ou daigné faire, à nous la première des nations latines, à nous le peuple initiateur par excellence de provoquer nos sœurs d'Espagne, de Lusitanie, de Belgique et d'Italie à cette grande confédération qui sera notre salut et le principe d'une prospérité inouïe, d'une grandeur à laquelle je n'ose fixer de bornes.

A cette heure l'Espagne après avoir échappé à une horrible anarchie, est encore en proie à une affreuse guerre civile. Le moyen le plus rapide d'en finir avec cette interminable et ruineuse insurrection basque c'est la fédération avec la France, que Alphonse et ses prudents conseillers y réfléchissent. C'est aussi le moyen de sauver Cuba.

A cette association ne tarderait pas de se joindre la Belgique menacée et déjà humiliée par son insolent et superbe voisin.

Le Portugal dont l'Angleterre traite comme siennes certaines de ses colonies d'Afrique, viendra chercher secours et appui dans l'union.

Sans doute l'Italie sera la dernière à se rallier à nous, par orgueil d'abord elle refusera, mais elle ne tardera guère, la fine et politique nation, à sentir qu'isolée elle sera, ce qu'elle a été depuis quinze cents ans, *une proie* : elle comprendra vite que le seul moyen qu'elle ait de résister aux agglomérations tudesques et slaves incessament croissantes et que la dissolution imminente de l'Empire turc rendra encore plus formidables, c'est de leur opposer une agglomération latine double, triple en force : que rester stationnaire au milieu de ces peuples devenant géants, c'est se vouer à la destinée de ces petits États allemands qu'on voit chaque jour fondre et disparaître dans l'Empire prussien, comme un morceau de sucre dans l'eau, elle apercevra caché sous l'alliance à laquelle les *Tedeschi*, ses antiques et éternels ennemis la convient, l'ardent désir, plus ardent que jamais, de la dévorer, et spontanément et avec joie, un peu plus tôt, un peu plus tard, l'Italie joindra ses vingt-cinq millions d'âmes à nos quatre-vingts.

Or, supposé la confédération latine parachevée, supposé qu'elle donne à l'univers étonné le spectacle d'une union indissoluble, pensez-vous, que les peuples libres, mais faibles que menace le brutal césarisme allemand et sa règle de conduite, la force prime le droit, que menace la tyrannique autocratie moscovite, pensez-vous que tous les petits peuples ne viendront pas chercher aide et appui auprès de nous? Certainement, ils y viendront : poussés par leur horreur des gouvernements antipathiques, pressés par l'instinct de la conservation, ils se réfugieront auprès de nous qui au lieu de les écraser sous le talon de la conquête, leur laisserons leur nom, leurs lois, leur langue et ne leur demanderons en retour de les avoir sauvés que d'être fidèles aux lois de la confédération.

Et qui oserait prédire que l'aristocratique Angleterre elle-même devançant l'explosion de la révolution démocratique vers laquelle elle gravite, ne viendra pas grossir le noyau de notre confédération? Comme nous, elle est Celte de fond et d'origine. S'il est vrai qu'elle ait été germanisée par la conquête Saxonne, il est encore plus vrai qu'elle a été latinisée par la conquête française et que cette dernière empreinte superposée à la première a presqu'entièrement effacé la frappe Saxonne. Par la langue, par les goûts, par l'éducation comme par la race, la Grande-Bretagne malgré sa haine fraternelle, qui est encore une marque de notre commune origine, est donc la sœur des nations latines, or, pour peu que ses intérêts l'y poussent, et nous croyons que ses intérêts l'y pousseront fortement, l'Angleterre avant la venue du siècle prochain, demandera elle-même sa réunion à la confédération romane. Quoi qu'il en soit, nous sommes persuadé que tôt ou tard l'union latine sera renforcée par l'annexion spontanée de ce rameau puissant de notre grande famille.

Mais il y a plus : si des peuples de l'Asie, de l'Afrique, si des nations trans-océaniennes témoignent l'envie de s'aggréger à nous, nous leur ouvrirons largement nos portes, nous les admettrons avec joie au nombre de nos confédérés, et nous leur assurerons comme aux autres membres de l'Union, l'autonomie, l'indépendance, et notre protection. Notre devoir sera d'agir ainsi envers tous les peuples : quel que soit leur degré de civilisation et l'hémisphère qu'ils habitent, tous pourront être joints à l'Union au même titre, et jouir des mêmes droits. Il n'y devra être mis d'autre condition que la suppression des usages barbares, des coutumes sanguinaires, et l'engagement de répandre l'instruction dans les populations admises au nombre des confédérés.

C'est ainsi que l'union latine bien dirigée pourra devenir le principe de l'association universelle des peuples, à chacun desquels elle conservera au rebours de la conquête, son autonomie, ses mœurs, sa langue, sa vie personnelle, sa spontanéité — l'unité ainsi faite serait mille fois plus favorable à la paix universelle, au progrès de la communauté, à la propagation de la vérité, au bonheur de l'humanité, que constituée par la force des armes. Nous avons prédit jadis que : l'unité serait effectuée dans l'ancien monde par l'autocratique Russie, dans le nouveau par la démagogique république des États-Unis. Si l'unité était faite par la confédération latine, elle le serait avec bien plus de profit pour l'humanité.

Mais avant que la France prenne l'initiative de cette grande entreprise, la confédération des races latines d'abord, et des autres races ensuite, elle a une autre œuvre à accomplir, sans l'achèvement de laquelle elle est rivée à l'impuissance et à la révolution, cette œuvre, c'est de constituer un Sénat dominateur, seul rempart qui puisse nous préserver du fléau de la démagogie que le suffrage universel porte inévitablement dans ses flancs. Jusque là la France sera impuissante à travailler au salut commun, à peine si elle pourra suffire à sa propre conservation. Mais le Sénat debout, le Sénat vivant, elle a ses coudées franches ; la liberté de tous ses mouvements actuellement entravée par les diverses factions, elle a le long avenir et le champ libre aux vastes pensées — alors elle pourra reprendre la grande idée de nos rois et poursuivre âprement la réunion des peuples latins en un seul faisceau.

XII

DU GOUVERNEMENT POSSIBLE

Nous sommes divisés en cinq groupes politiques bien distincts : légitimistes, orléanistes, bonapartistes, républicains et radicaux, et chaque parti a la prétention d'offrir ou d'imposer à la France le meilleur gouvernement possible.

Les partis ci-dessus énumérés comprennent-ils toute la France? En dehors d'eux, n'y en a-t-il aucun autre? Il y a bien dans chaque groupe des nuances qui autoriseraient des subdivisions, mais on peut sans inconvénients les embrasser tous sous ces cinq dénominations.

On aurait tort de croire pourtant que tous les habitants de la France appartiennent à l'une quelconque de ces cinq catégories : il y a parmi nous un nombre très-considérable de citoyens qui ne comprenant rien à la politique y sont restés indifférents, et s'en écartent avec soin comme d'une chose dangereuse, ils n'ont qu'une passion, celle de l'ordre et de la paix, pouvoir travailler avec sécurité, et jouir avec leur famille des fruits de leur travail, c'est tous leurs vœux. Le chiffre des abstentions dans les élections n'indique pas celui de ces indifférents.

Le noyau de ces apathistes politiques peut encore se grossir de tous ceux qui, rattachés à une opinion quelconque par des liens assez lâches, ne sont nullement disposés à s'en faire les martyrs, ni à lui donner d'autre appui qu'une adhésion incompromettante. Dans notre pays, le gros de tous les partis appartient à cette sorte de nonchalants; il se compose des modérés par système, des modérés par tempérament, des peureux, des méticuleux, des cauteleux, en un mot, de tous ceux en qui l'amour de l'ordre l'emporte sur l'ardeur de la passion politique. Cette espèce de Français, la plus nombreuse sans contredit, forme une masse possédée d'une force d'inertie qui résiste aux agitations et contribue par son immobilité à ramener le calme après l'orage.

Nous allons rechercher ici, non pas lequel des gouvernements présentés par les partis, est le plus capable d'apporter à la France la paix intérieure, le progrès continu, la liberté sans licence, mais lequel a le plus de probabilité d'être établi sans le conflit des opinions.

II.

Les légitimistes, gens pleins de foi, croient posséder

la panacée qui peut guérir la patrie de tous les maux et combler ses vœux. Il est fâcheux pour eux que la France rejette la vieille monarchie et tout ce qui la lui rémémore. Depuis 89, elle a toujours marché, s'éloignant d'elle. Aujourd'hui entre elles deux la distance est énorme. Comment faire reculer la France jusqu'en 88 ? Comment lui faire accepter un régime qu'elle repousse avec tant de passion ! — L'imposer de force ? Il n'y faut pas songer. Réduite à un nombre infime de féaux serviteurs, la légitimité y serait impuissante. Oh ! si elle avait la force, peut-être s'imposerait-elle d'autorité ; il est sûr que M. Chesnelong qui ne se sert de la liberté que pour détruire le gouvernement dont elle est un dogme, n'hésiterait pas à employer le *compelle intrare* : mais il est sûr aussi que le prince qu'il sert n'y consentirait pas. Il attend que la France aille à lui ; ses fidèles feraient bien d'imiter ce sage exemple.

Certainement le pays a pour ce parti estime parce qu'il est honnête, et reconnaissance pour les services qu'il a dans le passé rendus ; mais elle tiendrait ce groupe plein de foi et d'énergie comme très-dangereux, s'il était fort.

Quoique peu nombreux, le parti n'est rien moins qu'homogène, il se divise en deux fractions. Le légitimiste autocratique, le fusioniste.

Le légitimiste autocratique dit à l'instar de Louis XIV : l'État c'est le roi, le roi c'est l'État. Dans un pays qui depuis près de cent ans a pour dogme politique la souveraineté de la nation, comment peut-il garder quelque espoir que de telles doctrines seront acceptées ? Aujourd'hui, l'État c'est la France et la France n'appartient qu'à elle-même.

Le légitimiste fusioniste qui avoue que la révolution est faite, qu'il n'y a point à l'empêcher, qu'il ne faut pas la repousser, qu'il n'y a plus qu'à l'accepter, n'est pas un légitimiste, c'est un orléaniste d'arrière-garde, qui a déjà un pied dans le camp de la branche cadette, pour lui le Comte de Chambord n'est qu'un obstacle au rétablissement de la monarchie.

Le parti légitimiste, à vrai dire, n'est constitué que par les légitimistes autocratiques.

Diminué des fusionistes, il est réduit à une minime cohorte — l'espoir, s'il lui en reste, de donner un gouvernement à la France est vain et illusoire.

Il faut bien l'avouer, le Duc de Bordeaux a tout fait pour l'amoindrir : ses expositions de principes, sa politique rétrograde, sa manie du drapeau blanc, tout cela a bien diminué la petite troupe de ses fidèles. Bon nombre de ses féaux sont passés aux d'Orléans, quelques-uns même dit-on, à la République modérée. On dirait à le voir faire, à l'ouïr parler, qu'il prend plaisir à élargir de ses propres mains l'abîme qui le sépare du trône : et qu'il aurait à s'y asseoir autant de répugnance que la nation à l'y voir assis. On serait donc tenté d'attribuer toute cette conduite à la peur de régner, si l'on ne connaissait sa bonne foi et sa droiture. Mais on en a trouvé une explication plus plausible et plus naturelle dans sa méconnaissance des changements des mœurs et d'idées, produits par la révolution chez nos populations, et dans la haute loyauté d'un caractère chevaleresque sacrifiant tout à l'honneur, au devoir, à la dignité. Certes, ce n'est pas lui qui réclamera la couronne à la pointe de l'épée ; ce n'est pas lui qui la demandera aux complots, à l'intrigue, à la trahison ! il ne se baisserait pas pour la ramasser. Non, il attendra que la France convertie, vienne la lui poser spontanément sur la tête — mais la France n'ira pas — tant pis pour elle, dira-t-il, et il restera, coi, dans sa majestueuse immobilité.

C'est égal, à sa place son aïeul Henri IV aurait répondu à la proposition de monter sur le trône de ses pères, à la condition du drapeau tricolore : « Ventre Saint gris « la France vaut bien un drapeau blanc. »

III

Après leur retour de l'exil, les princes d'Orléans ne firent pas dans l'abord un pas en arrière. Fidèles aux traditions de famille, ils se prirent à servir la République sur la flotte, à l'armée, à l'Académie, à la Chambre, affirmant haut et ferme que le drapeau de la France est leur drapeau. Ils ne fomentèrent pas de troubles, ils ne cherchèrent point à se former un parti, à grossir le nombre de leurs adhérents ; ils vécurent parmi nous comme de simples citoyens, sans ambition exagérée, sans faste — il se disait même que le comte de Paris affectait pour la Couronne plus d'éloignement que son cousin de Froshdorf. Ainsi ne bougeant, se tenant cois, ils nous semblaient croire que le temps et les partis travaillaient pour eux, à notre sens cette conduite était prudente et sage. Ce respect des lois, cette abstention d'intrigue et de complots, cet accomplissement consciencieux du devoir dans les fonctions occupées, leur méritaient l'estime et le respect de leurs concitoyens. De là à l'affection, il n'y a pas loin.

Et n'avaient-ils pas raison de croire que mieux que les d'Orléans eux-mêmes, les partis feraient les affaires des d'Orléans ? Le comte de Chambord avec ses manifestes de l'ancien régime et son drapeau blanc ; les napoléoniens par leur dictature menaçante et terrible ; les radicaux en annonçant le prochain avènement des nouvelles couches sociales, en réclamant l'amnistie des déportés, en ravivant ainsi les souvenirs de Paris pétrolé et des ôtages assassinés, tous ensemble ne poussaient-ils pas la nation, si elle ne trouvait pas d'abri sous la tente de la République, à se réfugier à l'ombre du trône de princes sagement libéraux, instruits, tempérants, amis de la justice, de l'ordre et des lois.

Il y a plus, qu'un orage napoléonien ou socialiste vienne menacer le vaisseau que M. Thiers a conduit avec une si merveilleuse dextérité, à travers les écueils, croit-on que l'honnête pilote qui l'a remplacé au gouvernail ne songerait pas, en cas de naufrage imminent, à conduire sa nef dans les eaux des d'Orléans, comme dans un port de refuge ?

Sans doute la France ne quittera pas la République modérée pour , d'elle-même, spontanément, aller aux d'Orléans, mais qu'elle y soit poussée par les menées bonapartistes, par les épouvantements socialistes, il n'y a là

rien d'impossible, ni d'improbable. Cette éventualité qui satisferait les vœux de beaucoup de libéraux, ne déplairait pas aux républicains modérés si la République leur faisait défaut.

Pourquoi donc avoir fait la fusion? Dans l'espoir sans doute d'arriver au trône par droit héréditaire : mais c'était protester contre la souveraineté de la nation.

La fusion a été la grande faute des d'Orléans : avant la fusion l'orléanisme avait pour Roi le comte de Paris, pour drapeau le drapeau tricolore, pour avenir de remplacer la République avortée.

Après la fusion, l'orléanisme a pour Roi, Henri V ; pour drapeau, le drapeau blanc ; pour ennemis, tous les ennemis et tous les amis d'Henri V ; et pour avenir, l'incertitude de succéder à la République.

La fusion a donc éloigné du trône le comte de Paris, au lieu de le rapprocher, il y a maintenant entre lui et la couronne, la République, Henri V et l'Empire, tandis qu'auparavant il n'y avait que la République : souvent la peur d'un mal nous conduit dans un pire, ça s'appelle encore lâcher la proie pour l'ombre.

IV.

Après Sédan, après Metz, après les monstrueux désastres près desquels ceux dont l'histoire a gardé la mémoire, pâlissent, qui n'eût tenu pour absurde la possibilité d'une restaura-

tion napoléonienne ? Qui eût pu imaginer que le peuple serait si oublieux de sa ruine, de son salut, de son honneur qu'il pensât à rappeler la dynastie auteur de tant de maux !

Ce qui eût passé pour impossible, il y a quelques années, demain deviendrait fait accompli, si la population était consultée — oui, le suffrage universel donnerait à l'Empire plus de six millions de suffrages.

Il y a des moments où c'est un devoir sacré de s'opposer à la passion désordonnée, insensée d'une nation, gardons-nous en ce moment des plébiscites. *Salus populi supra lex.*

Le bonapartisme par lui-même est un immense danger, en outre, il est un danger par ses chefs, gens actifs et remuants, habiles et de remarquable talent. Rien ne leur coûte, rien ne les arrête : pas même les coups d'État. Leurs fautes ? ils les attribuent à leurs adversaires et les tournent en actes héroïques. Le désastre de la patrie ? Ils en chargent ceux qui les ont prophétisés comme conséquence infaillible de leurs déterminations ; même ils les imputent à ceux qui se sont opposés de toutes leurs forces à leurs funestes entreprises. Ils ont toutes les audaces, mécréants, ils flattent le clergé, et se font plus papistes que le pape.

Ils colludent avec les légitimistes qu'ils exècrent plus que les radicaux qu'ils adulent et dont ils sont par les théories les voisins les plus proches. Ce qu'ils ont fait vous donne la mesure de ce qu'ils sont prêts à faire encore, et ce qu'ils ont osé de violences vous annonce ce que leur triomphe vous réserve.

Notre sauvegarde contre le bonapartisme, la seule que nous ayons, puisqu'il a pour lui le suffrage universel, c'est le pouvoir que nous possédons, par là, nous sommes maîtres de la situation ; nous dominons les événements, nous pouvons leur imprimer une direction salutaire et sauver le pays d'une restauration bonapartiste.

Mais songez-y ; si ce parti vient à grossir dans la Chambre, jusqu'à devenir majorité, avant que vous n'ayez assis le gouvernement sur des fondements solides, vous ne verrez jamais la révision de la constitution, vous en verrez la suppression. C'en sera fait et pour longtemps en France de la liberté : nous passerons, je dis, moi, sous le régime absolu de l'arbitraire, eux disent de la trique, nous ne prêtons rien aux meneurs du parti, ils proclament eux-mêmes d'avance leurs projets de dictature abrutissante ; loin de les cacher, ils s'en vantent, comme s'ils étaient certains de devenir nos maîtres.

V.

Ceux-ci par peur, ceux-là de bonne foi, les autres, sans y croire, mais pour pousser à l'effroi de la République font des radicaux un épouvantail. Cette faction est-elle vraiment à craindre ? Non c'est notre impéritie et notre couardise qui font sa force : par elle-même elle n'est rien, regardez autour de vous, faites le dénombrement des affiliés à ce parti : combien en comptez-vous ? Un bien petit nombre, et de quelle espèce? Tous les criminels avérés, tous ceux qui aspirent à le devenir : en voilà le fonds. Au-dessus de cette lie, il y a les gens besogneux, alléchés par de fallacieuses promesses de bien-être ; des ignorants égarés par des systèmes insensés ; puis plus haut encore des ambitieux se servant de cette tourbe comme d'un marche-pied pour escalader le pouvoir, se promettant bien de la repousser du pied et de l'écraser du talon dès qu'ils y seront montés.

Enfin au-dessus de tout ce monde apparaissent quelques fanatiques de bonne foi, rêveurs, songes creux, que la méditation sur nos défectuosités sociales ont émus et révoltés : à tant de misères et d'iniquités ils ont cherché un remède, ils l'ont trouvé, croient-ils ; de là pour eux le devoir de l'appliquer de gré ou de force à la société pour la guérir. A l'organisation que nous ont faite nos besoins, nos instincts, nos facultés et les lois naturelles du développement de la civilisation, ils substituent une réglementation artificielle qui parera à tous les maux, à tous les vices de la société humaine, et satisfera à tous les *désiderata* de l'humanité ; par malheur nous tenons ces inventions sublimes pour de sublimes folies, et nous les repoussons comme contraires à la nature humaine, opposées aux progrès de la civilisation, au développement de l'intelligence, et destructives de toute liberté et même de toute société.

Voilà le parti radical tout entier : il n'a pour lui ni le nombre, ni la richesse, ni la capacité, ni la considération, ni le droit, ni la raison : il n'a donc pas la puissance, il n'est donc pas redoutable. Pourquoi donc est-il si redouté?

demanderez-vous, et pourquoi craindre qu'il puisse parvenir à dominer la France qui l'abhorre et ne supporterait pas un seul jour son joug sans le briser.

Il est redouté parce que ses actes et ses doctrines épouvantent : on croit sa domination possible, parce qu'avec le secours de la populace, il peut s'emparer de Paris, et du gouvernement, après quoi il n'a plus qu'à tirer la ficelle pour faire mouvoir à son gré toutes les marionnettes de France, à savoir les départements, les communes, les individus. Alors il pourra refaire à Paris et commencer partout en France l'épuration par le pétrole et par l'assassinat.

Cette appréhension du triomphe des radicaux est-elle tout-à-fait chimérique ? Non certes, et quelque abhorrés qu'ils soient, quelle que soit leur faiblesse numérique et leur impuissance, la crainte de leur victoire est fondée sur l'expérience. Vingt fois les événements ont prouvé qu'elle est rationnelle. Mais est-ce que c'est le parti radical qui fait le danger ? Nullement ; c'est votre centralisation seule qui le produit en donnant la facilité de conquérir le gouvernement de la France par un tour de main, et ce n'est pas seulement à la démagogie que cet appât est offert, il l'est à toutes les factions, à toutes les ambitions ; ce que le radical peut tenter révolutionnairement à cette heure, les royalistes, les bonapartistes le peuvent avec une égale facilité. Que dis-je, il n'est pas même besoin de s'appeler parti, d'être le pouvoir exécutif comme Napoléon III, pour se rendre maître du gouvernement ; depuis Mallet on sait bien qu'un homme seul, sans complice, sans un seul partisan, y pourrait réussir.

Voulez-vous étouffer dans leurs germes toutes ces spéculations provoquées par l'excès de votre centralisation? Voulez-vous vous délivrer à jamais des gouvernements révolutionnaires? Ramenez la centralisation à ses justes limites, et au système qui tout organise pour l'obéissance, substituez le système qui tout organise pour la résistance, et d'un seul coup vous aurez anéanti la possibilité d'être maître de la France, en étant maître de Paris, et vous briserez dans les mains des révolutionnaires et des faiseurs de coups d'État, l'unique et puissant instrument qui fait toute leur force.

VI

Donc des cinq systèmes proposés, un est impossible, la légitimité ; le radicalisme, orgie de sang et de feu, n'éclora que s'il est couvé par votre incurie; pour surgir, le bonapartisme a besoin d'un plébiscite que vous ne lui accorderez pas, ou d'un coup d'État, que le Président saurait bien étouffer ; quant aux d'Orléans, ils ne feront rien pour arriver ; ils attendent l'avortement de la République. Reste celle-ci : quelle chance a-t-elle d'achever de naître à la vie? et née, quelle chance a-t-elle de vivre et de durer ?

La République, a-t-on dit, est le gouvernement qui nous divise le moins. C'est, en effet, celui pour lequel optera tout parti qui a échoué : à défaut d'Henri V, le légitimiste va à la République : l'orléaniste, s'il n'a le gouvernement parlementaire, préfère à tout autre la République, quoi qu'ils en disent, les Bonapartistes *in petto* sont animés des mêmes sentiments ; enfin le radical vote pour la République modérée, s'imaginant, bien à tort, que moins que la monarchie elle est distante de ses utopies.

Voilà pourquoi dans l'abord tous les partis soutinrent M. Thiers en même temps qu'ils l'attaquaient ; ils l'attaquaient parce qu'il n'était pas avec eux ; ils le défendaient parce qu'ils haïssaient moins la République que ses compétiteurs.

A la fin pourtant voyant que le Président profitant de leur impuissance et de leurs divisions, allait leur faire ériger la République de leurs propres mains, les monarchistes des trois nuances coalisés par le sentiment d'un commun danger, réunirent leurs efforts et arrachèrent le pouvoir à M. Thiers. Qu'ont-ils gagné à cette victoire ? Rien que de substituer à un Président de la République, un autre Président de la République et d'affermir le régime républicain jusqu'en 1880, ce qui pourrait bien l'affermir pour une durée indéfinie, de sorte que la victoire des monarchistes pourrait bien être la défaite définitive de la monarchie, et la déroute des républicains, la victoire de la République.

Les monarchistes en faisant tomber M. Thiers ont brisé la puissante barrière qui les séparait du pouvoir, ont-ils pour cela, ouvert la voie qui mène au trône ? Nullement, la barrière enlevée, ni pour le Comte de Chambord, ni pour le Comte de Paris, ni pour Napoléon IV, l'abord n'a été plus commode : ils se sont heurtés contre deux invincibles obstacles qui leur avaient été signalés : l'impuissance du parti arrivé au pouvoir d'en profiter pour lui-même, la coalition des partis restés en dehors du pouvoir. Ce qui faisait la force du Président tombé, c'est que son système était celui que chacun préférait après le sien ; ce qui ferait la faiblesse du gouvernement actuel, ce serait d'appartenir à un parti autre que celui de la République.

Le ministère de M. de Broglie n'a rien pu pour la dynastie qu'il affectionne, ainsi tomberont tous ceux qui voudront être les ministres d'un parti, et non le ministère de la République. Sous peine d'une opposition générale, moins celle des hommes de leur nuance, ils seront contraints de marcher dans les voies de M. Thiers, et, pour vivre, de continuer son œuvre. C'est ce qu'on a fait jusqu'à présent : continuera-t-on dans cette voie? Oui, on y persistera et quels que soient les hommes qui arriveront au pouvoir, les exigences de tous les partis les forceront d'avancer dans la voie de la République. C'est sous le ministère actuel que la République modérée et conservatrice de M. Thiers a fait le plus de chemin.

Eh bien ! tant mieux : nous l'avouerons franchement, nous aimons mieux la République fondée par des monarchistes, qu'édifiée par des républicains. Ceux-ci n'ont jamais fait que de mauvais limousinages politiques. Dans leur élucubration, dans leurs desseins projetés ou exécutés,

on ne trouve que plans irréalisables, dangereux ou funestes. La peur de la monarchie les jette dans des organisations chimériques et instables ; pas un, non pas un n'a
une juste idée des conditions auxquelles nos démocraties
européennes, nées ou en voie de naître, toutes filles de
monarchies ou d'aristocratie, peuvent vivre libres et garanties d'une double tyrannie, celle d'un despote et celle de
la multitude ; ils ne croient jamais avoir assez pris de précautions contre le retour de la monarchie, et ils n'en
prennent aucune contre la domination du nombre, qu'ils
appellent au contraire à la rescousse pour repousser l'in-
vasion de la royauté. Puis quand ils ont fait reculer la
monarchie et du même coup triompher la démagogie, ils
restent stupéfaits et ébahis.

Telle besogne ne fera le monarchiste forcé de constituer
la République ; il la fera le moins républicaine possible ; il
y introduira des institutions préservatrices et conservatrices
qui font la sûreté des monarchies ; il prendra contre la domination de la multitude, contre sa hideuse tyrannie toutes
les précautions que lui suggèreront sa prudence et son an-
tipathie.

Ainsi la République est assurée de l'auxiliaire de tous
ses adversaires, convaincus qu'à cette heure ils n'ont aucune
chance d'arriver au pouvoir, et appréhendant le triomphe
d'un compétiteur quelconque.

En outre, elle a l'appui de deux groupes dont l'un, les
républicains de principes, est déjà nombreux, et l'autre les
néo-républicains, est composé d'hommes fort considérés

par le pays pour leurs talents, leur expérience, leur probité et leur modération.

Les premiers, fidèles à la religion politique de toute leur vie, maintiendront la République avec passion et dévouement. Les seconds la soutiendront avec un zèle de néophites. Ceux-ci lassés de monarchies qui toujours périssent, et dont chaque chute et chaque résurrection nous rapproche à chaque fois de la République, ont compris que la fin de tout développement social et politique étant la République, vers laquelle toute société gravite à partir de son état de nature, mieux valait pour prévenir de nouvelles catastrophes, anticiper la République qu'en retarder l'avènement.

Mais elle a une autre sorte de défenseurs bien plus nombreux, qui sans en être de chauds partisans, l'appuyeront fortement pour peu qu'elle dure les sept années présidentielles du maréchal Mac-Mahon : ce sont toutes les populations rurales et urbaines, amies de la tranquillité et du travail, à opinions flottantes et indécises, à déterminations instinctives. Passionnées pour l'ordre et la paix, elles s'attachent à un gouvernement, d'abord pour cela seul qu'il existe et qu'il en faut un, et que lui en substituer un autre ferait rentrer dans la voie révolutionnaire, de laquelle elles sont si heureuses d'être sorties ; ensuite parce que le gouvernement leur donne sûreté, prospérité, améliorations de toutes sortes et justice sévère.

« Mieux vaut, penseront-elles, une République vivante,
« bien assise, où la loi règne toute-puissante, qu'une mo-
« narchie imaginaire, dont on ne connaît ni la forme, ni

« l'esprit, ni le monarque ; — l'expérience d'hier et les
« expériences précédentes nous ont trop appris à quels
« excès elles peuvent se porter, à quel degré d'incapacité
« elles peuvent descendre, et, d'ailleurs, aucune des trois
« qui sont possibles, ne pourrait être mise au monde
« qu'avec d'effroyables convulsions. Nous sommes bien,
« tenons-nous-y — le mieux est l'ennemi du bien. »
et elles s'y tiendront.

Et maintenant récapitulons : la République a pour
adhérents actuels tous les partis contendants, pour partisans déterminés les vieux et néo-républicains, pour
contrefort la force d'inertie de la masse populaire qui fait
le fond de la nation, et qui, d'instinct, est opposée à tout
changement.

Les partis n'ont pour eux que leurs partisans.

Les choses étant ainsi, il nous semble que toutes les
chances sont en faveur de la République et qu'il est presque
impossible que la forme républicaine de notre gouvernement, fût-elle provisoire, comme le veulent les partis,
n'en devienne pas la forme définitive après sept ans de durée ;
ainsi, le septennat et la présidence du maréchal institués
pour empêcher la République, seraient deux circonstances
qui auraient plus qu'aucune autre coopéré à l'établir.

D'ailleurs, si l'idée d'une confédération latine qui serait
notre salut, et le principe d'une prospérité telle qu'il n'en
aurait point existé de semblable depuis les Romains, si cette
idée prenait racine ici, elle serait réalisée par la République

peut-être sans d'extrêmes difficultés : tandis qu'il serait bien difficile à une monarchie de l'effectuer.

Jamais Roi ni Empereur ne fût parvenu peut-être, à réunir par convention en un seul faisceau, les cinq peuples latins du midi de l'Europe : la jalousie du souverain de chaque État, y opposerait un invincible obstacle, et les peuples eux-mêmes supporteraient mal un monarque Français à la tête l'Union latine ; mais ils accepteraient sans peine et même avec joie, du moins je le crois, d'être enserrés dans un même lien fédératif avec la République Française : ils y verraient le moyen de passer peu à peu sans s'abaisser et sans révolution, de la monarchie à la République vers laquelle ils inclinent et progressent insensiblement et inconsciemment depuis 89.

VII.

Naguère était à la tête du gouvernement de la France un homme qui semblait avoir été suscité pour les circonstances terribles où se trouvait le pays. Modéré, conservateur, un des hommes d'État les plus habiles des temps modernes, monarchiste, il avait toutes les qualités requises pour être le fondateur de la République conservatrice, il se recommandait en outre au pays par d'immenses services rendus : la Commune vaincue, l'ordre rétabli, les finances relevées, la rançon payée, le territoire délivré ; la voix unanime de la nation avait proclamé qu'il avait bien mérité de la patrie ; encore un jour, encore un peu il touchait le but. Cette République qu'il avait sentie nécessaire, et le seul gouvernement possible, il allait la constituer, et par ainsi achever son œuvre de délivrance et de restauration.... La jalousie des partis lui en a dérobé la gloire. Ils se sont dit : « Hé bien, si la République est inévitable ce n'est « pas lui, ce sera nous qui la ferons. » N'importe, ceux qui l'ont supplanté sont condamnés à poursuivre malgré eux, jusqu'à son entier achèvement l'œuvre interrompue de Thiers, et ce sera leur châtiment en même temps que leur gloire. Un autre châtiment qui les attend c'est d'ouïr sortir de toutes les bouches : « Après les événements, c'est « Thiers qui est le vrai fondateur de la République. »

VIII.

A M. Thiers, l'homme d'État, a succédé le maréchal Mac-Mahon, le soldat loyal, ferme et intrépide, auquel on a conféré le pouvoir pour sept ans.

On a fait semblant de ne pas pouvoir comprendre le septennat ; il n'est pire sourd que celui qui ne veut pas entendre, il n'y a pourtant pas à s'y tromper. Le septennat, c'est le maréchal Président de la République durant sept ans ; c'est la République constituée, pour sept ans. République provisoire, je le veux bien, mais enfin c'est la République. — Cette période septennale expirée, prolongera-t-elle sa durée ? Finira-t-elle dans l'Empire comme ses

deux aînées? Aboutira-t-elle à la monarchie d'Orléans?
Voilà le problème à résoudre.

Sept ans! C'est une longue période de vie assurée à la
République : durant ce temps, si elle est sage et bien me-
née, elle s'enracinera dans le sol et dans les esprits. Les
populations s'accoutumeront à son règne et se déshabitue-
ront de l'Empire. Elles aimeront le régime nouveau qui,
sous l'épée vigilante d'un soldat loyal, maintient l'ordre,
l'autorité de la loi et la prospérité, et laisse la France
respirer tranquille et travailler en paix. C'était peut-être
le meilleur expédient à employer pour débonapartiser la
campagne, assurément le plébiscite d'aujourd'hui, et le
plébiscite dans sept ans, après une période républicaine
calme et florissante, ne donneraient pas une réponse
identique.

Mais supposé que la République durant le septennat soit
troublée par la violence des partis ; supposé que ses convulsions réagissent d'une manière fâcheuse sur l'ordre et la
prospérité, vous verrez renaître les espérances des préten-
dants et selon celui qui dominera dans la Chambre le parti
de l'appel au peuple ou le centre droit, la France inclinera
vers l'un ou l'autre pôle politique. On peut faire bien des
choses en sept ans quand on a le pouvoir et avec le pouvoir
l'habileté et la volonté de faire. Tout dépend de la Chambre
prochaine, du parti qui y dominera et de la valeur des
hommes qu'il portera au ministère.

Quoi qu'il arrive soit que le septennat, consolide la République, soit qu'il accouche de la monarchie Orléanienne, ou

Napoléonienne il faut toujours se poser cette question : le
nouveau régime durera-t-il? Non, il ne durera pas si la
révision qui le constituera définitivement conserve le Sénat
débile et impuissant de 1875. La démagogie, conséquence
essentielle, nécessaire du suffrage universel balayera de son
premier flot cette digue de sable qu'on a élevée contre elle.

Oui, la République, oui, la monarchie durera si elle est
abritée par une digue insubmersible, par un rempart indestructible, par un Sénat dominateur, qui ait puissance de
contenir le pouvoir exécutif dans les bornes constitutionnelles et d'arrêter les fureurs de la démogagie en délire.

Alors et seulement alors, le gouvernement de la France
sera assis sur des bases qu'aucune faction ne pourra démolir, aucune ambition renverser, et nous posséderons ce
que nos pères ont vainement demandé dans les États Généraux, ce que nous avons vainement cherché en 89 et
depuis : le gouvernement de la France par la France.

Imprimerie A. DERENNE, Mayenne.— Paris, boulevard Saint-Michel 52.

IMPRIMERIE A. DERENNE, MAYENNE. — PARIS, BOULEVARD SAINT-MICHEL, 52.